LA PERRUQUE

DU

PHILOSOPHE KANT

PAR

L.-A. BOURGUIN

PARIS
LIBRAIRIE FRANÇAISE
E. MAILLET, LIBRAIRE-ÉDITEUR
15, RUE TRONCHET, PRÈS LA MADELEINE

1863

LA PERRUQUE

DU

PHILOSOPHE KANT

CAUSERIE FAMILIÈRE

SERVANT D'INTRODUCTION

Avant de parler de la perruque, disons quelques mots de l'homme.

Si le nom de Kant est très-connu en France, sa philosophie ne l'est guère. C'est qu'elle ne brille pas par la clarté. Que le lecteur se rassure! Je n'ai pas la moindre envie d'exposer ici les idées entortillées de ce maître. Un philosophe français a osé dire : Ce qui est clair, n'est pas profond. Je dis, moi : Ce qui n'est pas clair, ne mérite pas d'être approfondi.

Kant est obscur de deux manières : d'abord par les sujets qu'il traite, sujets purement théoriques, sans faits précis, sans exemples particuliers qui les expliquent; il l'est plus encore par une phraséologie barbare et d'une sécheresse rebutante. On y rencontre, à chaque pas, des répétitions qui interrompent la marche du raisonnement, et des distinctions subtiles qui se bifurquent sans fin. L'application habituelle de l'esprit à des choses abstraites influe sur la façon d'envisager les choses simples. On ne les voit plus d'une vue nette, mais à travers une sorte de brouillard métaphysique. Le style s'en ressent : il devient tendu, alambiqué. Telle vérité, qui exprimée simplement serait d'une évidence parfaite, devient inintelligible, si elle est traduite dans un langage spécial et épineux. Quand l'entrée d'un bois est défendue par un fouillis inextricable de broussailles, ne me blâmez pas si, après m'être mis les jambes et les mains en sang, je finis par renoncer à pénétrer dans l'intérieur.

Qu'on n'aille pas croire que je parle ainsi par jalousie de métier ; car, moi aussi, je suis auteur d'un traité de philosophie ; mais jusqu'à présent il n'est qu'à mon usage et à celui de mes amis les plus intimes.

D'après ce que je viens de dire, on peut croire que ma philosophie, quand je l'aurai publiée, ne sera point une nébuleuse dans le ciel de la métaphysique. Ce n'est pas une philosophie rationnelle et spéculative, à l'usage seulement de ces songe-creux qui font l'anatomie de l'entendement, comme un pauvre diable d'étudiant en médecine qui se prépare à passer ses examens, dissèque un cadavre. Non, c'est une philosophie pratique et usuelle, convenant à tous les âges, à toutes les conditions, à vous, Madame, comme à votre grave mari, comme à votre étourdi de fils, comme à votre aimable fille.

Mais puisque l'occasion s'en présente, pourquoi ne mettrais-je pas le lecteur en état d'en juger lui-même ?

Je le prie de contempler avec recueillement le trésor de sagesse que je vais étaler à ses yeux.

TRAITÉ DE PHILOSOPHIE PRATIQUE

Sache te servir toi-même, et fais tes affaires par toi-même.

*

Sois modéré en toutes choses.

*

Ne fais pas une action que tu blâmerais chez un autre.

*

Conserve toujours le respect de toi-même.

*

Fuis la mollesse. Ne te rends pas l'esclave de besoins factices.

*

Prends la vérité pour règle de ton esprit, la justice pour règle de ta conduite, la charité pour règle de ton cœur.

Le traité n'est pas long, mais que de choses il contient ! Les chimistes ont constaté que la substance du diamant est exactement la même que celle du charbon. Combien de tonnes de ce combustible faudrait-il pour produire un diamant de moyenne grosseur, c'est ce que la science n'a pas encore déterminé. On sait seulement qu'il en faudrait des quantités considérables. On peut de même, et je me flatte de l'avoir fait, condenser beaucoup de sagesse en peu de mots. Mes six maximes fourniraient aisément la matière de six gros volumes. Mais à quoi bon ? Je m'adresse à des hommes intelligents, et non à des esprits futiles. Que les gens qui se moquent de tout, — et de nos jours cette sotte espèce abonde, — exercent leur verve railleuse sur ma doctrine, je n'en serai point troublé. A des plaisanteries plus ou moins ingénieuses, je répondrai par les résultats obtenus.

Il y a une vingtaine d'années, le fils d'un homme que j'ai beaucoup aimé faisait son droit à Paris, et je recevais fréquemment sa visite. Un jour il vint me dire qu'il éprouvait un profond dégoût pour la chicane et qu'il y renonçait. Un ami de sa famille, marchand de drap dans une ville du département de Seine-et-Marne, voulant se retirer des affaires, était disposé à lui céder son commerce et à lui vendre sa maison. Je ne cherchai point à détourner le jeune homme de son dessein. Auner du drap vaut autant que grossoyer les rôles d'une requête. D'ailleurs, — on l'a dit cent fois, — ce n'est pas la profession qui honore l'homme, c'est l'homme qui honore la profession.

Je fis seulement au jeune homme quelques observations, portant principalement sur ce qu'il n'avait aucune notion du commerce. Il me répondit que, depuis plusieurs années, la maison était dirigée par un ancien commis, homme probe et intelligent, qui consentait à rester avec lui. Bref, il partit.

Deux ans après, j'eus occasion de passer par la ville où il était établi. Il me reçut avec amitié, mais je lui trouvai l'air soucieux. Et les affaires, lui dis-je ? — Bah ! répondit-il, les affaires ne vont pas merveilleusement. Depuis quelque temps un concurrent a ouvert un magasin dans une situation plus avantageuse que la mienne. Il attire à lui toute la pratique ; il s'enrichit, et je me ruine.

Je séjournai toute une semaine chez mon jeune ami. J'examinai en silence le train de la maison ; puis, le tirant à part, je lui dis : J'ai trouvé la cause du mal. Si votre concurrent réussit mieux que vous, ce n'est pas que son magasin soit mieux placé que le vôtre ; mais il possède un amulette qui lui porte bonheur.

— Un amulette ! Vous vous moquez de moi !
— Nullement.

— Dites-moi donc où je pourrai m'en procurer un semblable, je le paierai bien cher.

— Vous l'aurez, et il ne vous coûtera rien.

Alors je tirai de mon portefeuille une petite bande de parchemin, sur laquelle j'écrivis la première de mes maximes :

SACHE TE SERVIR TOI-MÊME, ET FAIS TES AFFAIRES PAR TOI-MÊME.

Voici l'amulette, lui dis-je. Vous allez l'attacher avec un cordon de soie, et jour et nuit vous le porterez suspendu sur votre poitrine. Chaque matin, vous lirez ce qui est écrit sur le parchemin, jusqu'à ce que les caractères en soient complétement effacés.

Le bon jeune homme rit beaucoup du sérieux que je mis à ces recommandations ; il promit pourtant de s'y conformer.

Trois ans plus tard, une affaire me rappela dans la ville qu'il habitait. Aussitôt qu'il me vit entrer chez lui, il me sauta au cou et m'entraîna vers une chambre où était sa jeune femme; car il était marié depuis un an. Voici, dit-il à celle-ci, le bon génie qui m'a fait don du précieux talisman auquel je dois la prospérité de ma maison.

Je passai une journée entière avec ce jeune ménage. Le mari me raconta que, du moment où il avait pris la direction de ses affaires, tout avait changé de face. Son commerce s'était agrandi et prenait tous les jours de l'extension. Aussi songeait-il à acheter une maison voisine de la sienne et à la faire reconstruire, afin de doubler, de tripler l'emplacement de ses magasins. Je le laissai faire tous ses plans. Nous étions à table, et j'aime la causerie qui suit le repas. A la fin, je lui dis :

— Montrez-moi l'amulette ; je veux voir si les caractères en sont encore lisibles.

— Eh! qu'importe, me dit-il ? Je sais la

maxime par cœur, et je la mettrai toujours en pratique.

— Ne refusez pas, repris-je, de satisfaire ma curiosité.

Il tira le parchemin de son sein ; les lettres en étaient devenues toutes jaunes, de noires qu'elles étaient primitivement ; mais on pouvait encore les lire. Je demandai une plume et de l'encre, et, au bas de la première sentence, j'écrivis celle-ci :

SOIS MODÉRÉ EN TOUTES CHOSES.

Cette fois ce fut la jeune femme qui vint m'embrasser. « Vous êtes vraiment notre bon génie, me dit-elle. Vous ne désirez pas seulement que notre maison prospère, vous voulez aussi que nous soyons heureux. »

Aujourd'hui le jeune couple, — qui n'est jeune que relativement à moi, — est retiré des affaires et habite une jolie campagne aux environs de Paris. Le mari s'occupe de l'éducation de ses enfants ; et la femme, qui s'est aussi pénétrée de mes maximes, administre à merveille sa maison.

J'ai cité cet exemple, comme une des applications qui déjà ont été faites de mon système philosophique. Des autres, je ferai grâce au lecteur.

Mais je veux aller au devant d'un reproche qu'on pourrait m'adresser. A quoi bon, dira-t-on, ce charlatanisme de l'amulette, ce parchemin, ce cordon de soie? Il eût été plus digne d'un philosophe de s'en tenir à donner le conseil.

Non pas, lecteur, non pas ! La répétition, vous le savez, est l'âme de l'instruction. D'ailleurs, la maxime écrite sur parchemin et placée sur la poitrine, par une sorte d'influence magnétique, pénètre sous la peau et finit par circuler avec le sang. Quant à la soie, c'est un corps isolant ou mauvais conducteur. Elle empêche que le précepte, au lieu de s'insinuer doucement dans le cœur, ne monte à la tête et ne fermente dans le cerveau. Si cela arrivait par malheur, mon adepte deviendrait un discoureur fatigant, un disputeur arrogant, c'est-à-dire l'opposé d'un vrai philosophe.

Avant de quitter ce sujet, qu'il me soit permis d'appeler un moment l'attention sur la troisième maxime de mon traité :

NE FAIS PAS UNE ACTION QUE TU BLAMERAIS
CHEZ UN AUTRE.

Cette sentence, que j'ai empruntée à la philosophie antique, est une excellente règle de conduite, et il me semble qu'on l'a trop oubliée.

A cette règle si simple, si claire, et d'une application journalière, même dans les occasions qui paraissent insignifiantes, je veux opposer celle qui nous a été donnée par Kant :

AGIS TOUJOURS DE TELLE SORTE QUE LE MOTIF PROCHAIN DE TA VOLONTÉ PUISSE DEVENIR RÈGLE UNIVERSELLE, DANS UNE LÉGISLATION OBLIGATOIRE POUR TOUS LES ÊTRES RAISONNABLES.

Voyez comme cette dernière maxime est abstraite ; comme elle est peu intelligible pour le grand nombre, et par conséquent d'un usage restreint. Comment veut-on qu'une femme, un enfant, un homme simple de cœur, comme vous, cher lecteur, et comme moi, aient la prétention d'ériger *en loi universelle* le motif qui les détermine à faire telle action plutôt que telle autre ? Prétendre ainsi, en toute circonstance, se poser comme un législateur du genre humain, c'est une présomption, pourquoi ne le dirais-je pas, une sorte d'outrecuidance tout à fait déplacée, quand il s'agit de philosophie pratique.

Mais parlons plutôt de la personne de l'illustre Kant. Je tiens à prouver que les mauvaises nuits que j'ai passées, courbé sur ses livres, ne m'ont pas rendu injuste envers lui.

C'était bien la meilleure pâte d'homme qui fut jamais. Il était rempli d'humilité ; et de l'affectation un peu emphatique que je lui reprochais tout à l'heure, à propos de sa maxime favorite, on ne trouvait trace ni dans ses manières, ni dans ses actions.

Nul homme n'eut des habitudes plus constantes, et ne se montra plus méthodique jusque dans les moindres choses. C'est pour lui qu'on a dû inventer l'expression, *réglé comme un papier de musique.*

Il ne sortit jamais de Kœnigsberg, sa ville natale. On peut même croire qu'il n'en connaissait pas toutes les rues.

Il se levait, travaillait, se mettait à table, se couchait à des heures fixes. Chez lui, ces habitudes n'étaient point une manie, mais un calcul philosophique. Il disait que le sage doit ressembler à ces machines qui fonctionnent avec une précision si parfaite, qu'on n'a plus besoin de s'en occuper.

Sous ce rapport Kant avait raison. Pour l'homme qui travaille de la pensée, comme pour celui qui travaille des bras, la régularité est une vertu : toute chose alors se fait à propos et se fait bien. D'ailleurs, en réglant l'emploi du temps, l'habitude l'économise.

Puis, quand on s'est fait des habitudes simples, la vie suit un cours égal et facile : elle est aujourd'hui ce qu'elle était hier, ce qu'elle sera demain. Mais du moment qu'elle satisfait nos goûts, nos besoins, nos affections, pourquoi chercherions-nous à la changer ?

A tout prendre, la véritable éducation morale, celle que chacun de nous peut se donner à lui-même, consiste principalement dans un ensemble harmonique de bonnes habitudes.

Mais l'habitude est un joug, disent certains philosophes. Erreur : elle n'est pas un joug, mais une règle que l'homme s'impose volontairement. Loin de rien ôter à la spontanéité de l'esprit, elle y ajoute. La plupart des originaux sont des hommes à habitudes; et c'est précisément parce qu'ils ont des habitudes, des habitudes à eux, qu'ils se distinguent de cette foule, esclave des devoirs oiseux de la société, des usages et des préjugés du monde. L'être frivole, qui tourne au souffle capricieux de l'actualité et de la mode, n'a jamais d'assiette fixe, et ne peut prendre d'habitudes.

Je me souviens qu'un jour, en visitant les Arènes de Nîmes, je me demandais comment une énorme pierre, dont presque tous les supports s'étaient écroulés, pouvait demeurer suspendue en l'air, contre toutes les lois de l'équilibre. « Monsieur, me dit le gardien du lieu, si cette pierre reste là, c'est par habitude. »

Ce mot m'est souvent revenu en mémoire à l'aspect de certains veillards, dont l'organisme n'est plus qu'une ruine. Ils vivent cependant, mais c'est par habitude.

Philosophes, qui rêvez les douceurs d'une longue et calme vieillesse, imitez le sage de Kœnigsberg : faites-vous de bonne heure des habitudes.

Chaque jour, quelque temps qu'il fît, Kant sortait de chez lui à la même heure, parcourait dix fois, dans toute sa longueur, une certaine allée de la belle promenade qui s'étend sur les bords de la Spregel, et qui porte aujourd'hui le nom d'allée du Philosophe ; puis il rentrait à la maison.

Son domestique, ancien militaire, l'accompagnait toujours dans sa promenade, emboitant le pas derrière lui, et portant horizontalement sous le bras gauche un immense parapluie. Quand il pleuvait, le serviteur tenait ce pavillon portatif étendu au dessus de la tête de son maître, qui ne faisait pas la promenade moins longue, ni d'un pas plus rapide.

Lorsque le philosophe fut devenu célèbre, on respecta ses habitudes. Personne, autre que lui et son domestique, ne se montrait dans l'allée au moment où il s'y promenait. Les partisans de sa philosophie, qui de toutes les parties de l'Allemagne venaient pour le voir, formaient la haie des deux côtés et un peu en dehors des arbres ; mais Kant ne s'apercevait pas de leur présence.

Sa porte était fermée aux visiteurs étrangers. Il avait ainsi trouvé le moyen de se soustraire à un des plus fâcheux inconvénients de la célébrité, dont le flambeau ne manque jamais d'attirer un essaim d'importuns. Les grands personnages, les princes et les dignitaires des petits États d'Allemagne, les *curieux à crachats*, comme les appelait le philosophe, avaient seuls accès chez lui. Ils y faisaient antichambre. A un moment donné, Kant paraissait à la porte de son cabinet, y restait quelques instants, puis rentrait, sans répondre aux compliments qu'on lui adressait.

Je me suis souvent demandé si le cœur des philosophes est conformé comme celui des autres mortels. La physiologie, qui de nos jours a fait tant de progrès, ne s'est pas encore occupée de cet important problème.

Voici les raisons de douter :

On sait que Platon avait placé l'objet de ses affections si haut, si haut dans les nues, qu'il pouvait bien s'élever jusqu'à lui sur les ailes de sa puissante imagination, mais que jamais ce type divin ne descendit sur la terre. De là le nom *d'amour platonique* par lequel on désigne encore toute passion entièrement dégagée des sens.

Le philosophe Descartes, dans sa retraite d'Amsterdam, ayant quelquefois entendu parler d'amour et de mariage, eut un jour la fantaisie de savoir quelle chose ce pouvait être. Il se contenta d'une très-légère contrefaçon ; après quoi il dit : La philosophie vaut mieux. Et il se remit à méditer.

Spinosa, qui gagnait environ six sous par jour à polir des verres d'optique, ne vivait habituellement que de lait et de pain, régime que je recommande à tous les philosophes, en ce qu'il ne porte pas à l'excitation des sens. Comme il n'était pas assez riche pour faire du feu dans sa chambre, Spinosa passait volontiers ses soirées d'hiver dans la cuisine de son hôtesse. Un soir qu'assis sous le manteau de la cheminée, il tenait sur ses genoux la petite fille de cette femme, on le vit tout à coup jeter un long regard d'attendrissement d'abord sur l'enfant, puis sur la mère. Un profond soupir souleva sa poitrine, et une larme perla au bord de sa paupière. Que voulaient dire ce soupir et cette larme ? Probablement ceci : Et moi aussi, j'aurais pu être époux et père ! Mais ce n'est là qu'une simple conjecture. L'illustre fondateur de l'école panthéiste moderne ne s'est jamais expliqué sur ce point.

Newton, mort à quatre-vingt cinq ans, n'a connu, dans sa longue carrière, ni passion ni faiblesse : c'est avec sa pureté virginale qu'il est remonté vers ces sphères célestes, dont le premier il nous a fait connaître les lois.

Enfin, le plus grand des philosophes français de notre époque, M. Cousin, n'a jamais, dit-on, éprouvé d'amour que pour madame de Longueville. Or, aimer une femme morte depuis deux siècles, ou adorer, comme Platon, un type de perfection idéale, c'est à peu près la même chose.

Kant fait exception. Il aima et il fut aimé.

Mais alors il était simple répétiteur à 160 thalers d'appointements par an (six cents francs de notre monnaie). Il calcula qu'avec cette somme on ne pouvait pas vivre deux ; et il renonça au mariage.

Un éminent penseur de nos jours a trouvé une nouvelle règle d'arithmétique, qu'il formule ainsi : *Deux personnes dépensent moins qu'une.* Je connais en effet beaucoup de célibataires pour lesquels cette proposition serait d'une incontestable vérité ; mais elle n'aurait pu recevoir d'application à l'égard de Kant, qu'on ne voyait jamais ni au café, ni au théâtre, ni dans les salons.

Je me permettrai de placer ici une autre observation : c'est qu'un philosophe, un savant, je pourrais dire aussi un poète ou un artiste, quand il lui arrive d'aimer, choisit toujours pour objet de ses affections une jeune fille, riche seulement de tous les dons de l'esprit et du cœur ; ce qui revient à dire, dans la langue des peuples civilisés, une jeune fille n'ayant rien.

Quand donc vous verrez un individu appartenant à l'une des catégories énoncées ci-dessus courtiser une femme riche, — riche d'écus s'entend, — tenez pour certain que cet homme peut être très-capable, très-disert, fort habile à manier la parole, la plume ou le pinceau, mais qu'à coup sûr il n'est ni philosophe, ni poëte, ni artiste.

Kant, lui, sous ce rapport, était un vrai philosophe ; il avait donné son cœur à une jeune fille sans fortune. J'ai dit pourquoi il ne l'épousa pas.

L'instant des adieux fut déchirant : la blonde jeune fille pleura beaucoup ; puis elle se consola ; puis elle se maria.

Le philosophe ne pleura pas. Mais le jour où il franchit, pour la dernière fois, le seuil de la maison occupée par celle qu'il aimait, il n'ouvrit pas un livre et n'écrivit pas une ligne. Le lendemain il se remit à ses études, et jamais il ne parla de son amour.

Revenons à ses habitudes.

Il portait toujours le même costume : habit et culotte noire, chemise à jabot uni et à courtes manchettes. Quand ses vêtements commençaient à montrer la corde, Jonathas, son fidèle serviteur, en faisait confectionner d'autres absolument semblables ; et la nuit, pendant le sommeil de son maître, il venait furtivement les subtituer à ceux que le philosophe, en se déshabillant, déposait sur une chaise au pied de son lit. Le lendemain, Kant mettait les habits neufs, sans se douter du changement. Mais qui les payait, dira-t-on ? Jonathas, avec la bourse du philosophe. Au commencement de chaque mois, le serviteur demandait l'argent nécessaire aux dépenses ; et le maître donnait la somme réclamée, sans exiger d'explications ni de comptes.

Une pièce de la toilette était difficile à remplacer, sans qu'il s'en aperçut. C'était la perruque. Cette sorte de coiffure artificielle gêne toujours un peu, quand elle est neuve. On me l'a dit du moins ; car je ne veux pas que mes lectrices aillent s'imaginer que je porte perruque. Quand donc ce changement avait été jugé indispensable, le philosophe se fâchait. Mais non; cette expression n'est pas convenable, appliquée à un homme d'un caractère si débonnaire. Je veux dire seulement qu'il se montrait inquiet, mécontent, chagrin. Cet état de gêne, dont l'honnête serviteur souffrait autant que son maître, durait quelquefois plus d'une semaine. Le désir d'éviter ce malaise au savant finit par rendre Jonathas ingénieux. Dès qu'il s'apercevait que la perruque du philosophe était trop dégarnie, Jonathas l'enlevait, sans mot dire, aussitôt que celui-ci était couché ; et un habile artiste en cheveux passait la nuit à la rajeunir. La charpente restant la même, le crâne du docteur n'était plus blessé.

Kant habita toujours la même maison, humble demeure présentant assez bien l'aspect d'un chalet suisse ou d'une ferme rustique. De son cabinet, dont il ouvrait la fenêtre toutes les fois que le temps le permettait, il pouvait, quand il quittait un moment son travail, reposer ses regards sur le clocher d'un village éloigné. Mais, dans le jardin de la maison contiguë à celle du philosophe, on avait planté des peupliers qui en grandissant menaçaient de lui dérober la vue du clocher. Cette circonstance le faisait cruellement souffrir. Il sentait que, du moment où le clocher serait entièrement caché à ses regards, il ne lui serait plus possible d'écrire une ligne. Il se décida à faire part de ses alarmes à un de ses amis; et celui-ci obtint sans difficulté du propriétaire que les arbres fussent abattus.

La vue de ce clocher élevait-elle vers Dieu la pensée du philosophe ? On peut en douter. Ce n'est pas ici le lieu d'examiner les opinions religieuses de Kant. Je me bornerai à rappeler qu'il n'était pas partisan de la prière. « Prier, a-t-il dit quelque part, c'est souhaiter ; or, souhaiter ne suffit pas pour devenir meilleur : il faut vouloir et surtout agir. »

Cela ne me semble pas exact. La prière peut être aussi bien l'élan d'un cœur reconnaissant que le cri du malheureux qui implore l'assistance divine. Mais, dans l'un et dans l'autre cas, par cela seul qu'elle met l'homme en communication avec Dieu, elle tend à l'améliorer. Elle lui donne la confiance et la force dont il a besoin pour agir. Notre point d'appui n'est pas sur la terre, il est dans le ciel.

La seule prière qu'il faille rejeter, c'est la

prière machinale, celle qui remue les lèvres, sans passer par le cœur.

Kant éprouva toujours une certaine gêne, une certaine timidité à parler en public. Quand il faisait son cours, il ne promenait pas ses yeux sur son auditoire, mais il les tenait constamment fixés sur un seul de ses élèves ; et encore le regardait-il plutôt en pleine poitrine qu'au visage. Une certaine année, l'étudiant qui lui servait de point de mire, portait, selon la mode du temps, un habit bleu à larges boutons de métal. Un bouton vint à manquer à l'habit. Le professeur en fut singulièrement troublé : d'abord il balbutia, s'embrouilla dans son exorde; puis, quand il eut à peu près retrouvé le cours de ses idées, il fut d'une clarté parfaite, ce qui ne lui arrivait pas habituellement. On l'applaudit moins qu'à l'ordinaire. En effet un auditoire allemand ne ressemble en rien à un auditoire français. Esprits vifs, légers, distraits, nous voulons avant tout que le professeur se fasse comprendre. S'il nous faut chercher le sens de ses paroles, nous ne le suivons pas longtemps. Il nous arrive bien parfois d'entendre à demi-mot ; mais ce n'est pas quand le professeur démontre; c'est quand il fait de l'esprit, c'est quand il se livre à des digressions et que, sous le voile plus ou moins transparent de l'allusion, il attaque les hommes ou les choses de son temps. Les Allemands au contraire sont des esprits sérieux, concentrés, attentifs. Ils aiment que le maître laisse quelque chose, ou plutôt laisse beaucoup à faire à leur intelligence. Il ne doit donc pas lever tous les voiles, mais se confier à la perspicacité de ses auditeurs, pour compléter la démonstration. Si, — comme l'a dit Ballanche, — ce qu'on sait le mieux, c'est ce qu'on devine, les élèves de Kant devaient être des prodiges de science.

Après tout, la méthode allemande a ses

avantages. Un professeur qui nous fait penser, est peut-être préférable à celui qui nous dispense de penser. D'ailleurs tout effort amène une conquête. Chercher le mot d'une énigme métaphysique est une sorte de gymnastique intellectuelle, qui donne à l'esprit de la force et de la souplesse. Bien que je n'aie pas le goût des choses obscures, je ne puis m'empêcher de reconnaître que Kant a été l'homme de son siècle, qui a exercé le plus d'influence sur le mouvement des idées philosophiques. Ceci nous ramène à la petite scène dont j'avais commencé le récit.

Le bouton brillant encore par son absence le lendemain et les jours suivants, le professeur finit par s'y habituer. Il reprit peu à peu son aplomb et cette obscurité si chère à son auditoire. Mais au commencement du mois suivant, l'étudiant, ayant reçu de l'argent de ses parents, fit rattacher le bouton à l'habit. Cette fois, Kant n'y tint plus. Il pâlit et faillit se trouver mal. La leçon fut interrompue. Le professeur fit appeler l'élève, et lui demanda s'il voulait le voir renoncer à sa chaire. Quand l'étudiant eut appris ce qui causait l'émotion de son vénérable maître, il prit son canif, détacha le bouton et le lui offrit. Kant s'en empara avec joie et rentra dans la salle. Ce jour-là, il fut sublime. Son cœur battait plus fort, au contact du bouton qu'il avait placé dans la poche de son gilet.

Kant avait eu à lutter, pendant plus de la moitié de sa vie, contre les dures nécessités du besoin journalier. Il ne sortit de cette position précaire qu'à l'âge de quarante-six ans. Il fut alors nommé professeur de métaphysique dans sa ville natale, ce qui avait été l'objet constant de ses désirs. Dix ans auparavant, on lui avait offert la chaire de poésie. Pauvre et méconnu, Kant voyait s'ouvrir devant lui une brillante carrière;

il eut pourtant le bon esprit de refuser et de savoir attendre, montrant en cela la sagesse patiente d'un vrai philosophe. Mais que dire du choix qu'avait fait l'université ? Kant professeur de poésie ! Il n'y a vraiment que les corps savants pour tomber dans de si lourdes méprises.

Non seulement Kant, qui se montrait toujours disposé à ôter au sentiment pour donner à la raison, n'avait ni le cœur ni la tête d'un poëte; mais il faisait peu de cas de l'art d'écrire : il préférait le style terre à terre au style élevé, qu'il appelait de la prose en délire.

Il professait aussi un souverain mépris pour les orateurs, dont l'éloquence, disait-il, se met plus souvent au service de l'erreur qu'à celui de la vérité. Cette opinion était déjà celle de Socrate; mais Kant l'exagérait. S'il ne faut pas surcharger la vérité d'ornements fastueux, il ne faut pas non plus lui donner un vêtement sordide : le manteau troué d'Antisthène ne lui sied pas mieux que la robe de pourpre d'Aristippe.

Certains philosophes veulent que la Vérité soit nue. Je suis bien de cet avis, à condition toutefois qu'elle soit belle et non sans grâce dans sa chaste nudité.

J'ai bien envie de consigner ici un souvenir de voyage, qui serait mieux placé dans une note ; mais j'ai horreur des notes.

Dans l'église de Saint-Pierre à Rome, il y a un magnifique tombeau du pape Paul III, dont l'image coulée en bronze est revêtue des ornements pontificaux. A sa droite est une statue de la Religion, à sa gauche une statue de la Vérité. L'une et l'autre sont de marbre et d'une exécution merveilleuse. Elles ont été taillées par un sculpteur français, Guillaume de Laporte, d'après les dessins de Michel-Ange. L'artiste, suivant la tradition mythologique, a représenté la Vérité toute nue. Elle était si belle ainsi, que, dès le matin, la multitude assiégeait les portes du temple, pour être admise à la contempler; et que, sans respect pour le saint lieu, elle manifestait hautement son admiration.

On reconnut bien, en cette circonstance, l'erreur de ceux qui prétendent qu'il faut voiler la Vérité, parce qu'autrement elle nous ferait peur. C'est le contraire qui est vrai : on la couvre, parce que nue elle passionnerait tous les hommes.

Quoi qu'il en soit, pour couper court aux désordres qui se produisaient dans la foule de ces Pygmalions catholiques, amoureux d'une statue, le chevalier Bernini, d'après les ordres du pape alors régnant, revêtit la Vérité d'une légère tunique de bronze, si bien appropriée à l'œuvre qu'on la croirait faite par le sculpteur lui-même. Bien des fois, pendant les longues heures que j'ai passées dans la basilique du Prince des apôtres, les sacristains m'ont proposé d'enlever les quatre vis qui maintiennent cette tunique, et de me montrer la Vérité, telle qu'elle est sortie des mains de Guillaume de Laporte. Il ne m'en eût coûté qu'une piastre. J'ai toujours refusé. Ce n'était pas pour ménager ma bourse ; mais le trafic des sacristains, qui spéculent sur la curiosité des voyageurs, me blesse dans mes sentiments de philosophe et de chrétien.

Voilà comment, ayant eu l'occasion de voir la Vérité sans voile, je n'en ai pas profité. Je me console, en me disant que le sage de Kœnigsberg eût probablement agi comme moi.

Pendant les dernières années de sa vie, Kant jouit d'une immense réputation. Le succès croissant des ouvrages qu'il publia lui procura une aïsance tardive. Il ne changea rien à sa vie simple et modeste. Seulement, de temps en temps, il recevait à sa table quelques amis. Il savait animer le repas tantôt par une franche gaîté, tantôt par une conversation fine et enjouée ; mais il ne souffrait pas que l'on parlât de son système, ni de ses livres, ni même de philosophie.

Le soir de sa vie fut calme et serein. Accepter la vieillesse franchement, sans faiblesse de cœur, sans trouble d'esprit, c'est, — au dire d'un maître, — le moyen assuré de prolonger son existence. Kant avait à peine su ce que c'est qu'être jeune. La jeunesse est une ivresse continuelle, c'est la fièvre de la raison, a dit la Rochefoucauld. Notre philosophe n'avait connu ni cette fièvre, ni cette ivresse. Plus qu'un autre il s'était donc trouvé disposé à savoir être vieux. Il regrettait peu les plaisirs du jeune âge, et il jouissait paisiblement des biens acquis par la sagesse, biens qui sont un des plus puissants éléments du bonheur.

Kant ne faisait jamais l'aumône aux mendiants et passait, auprès de ceux qui ne le connaissaient pas bien, pour un homme dur et avare. Mais on a su, après sa mort, qu'il consacrait, chaque année, à des œuvres de bienfaisance, une somme assez considérable, eu égard à la modicité de ses revenus.

Pourquoi faut-il que j'ajoute ceci?

A son lit de mort, Kant répondit à un de ses amis, qui lui demandait ce qu'il pensait de la vie future : « Je n'ai aucune notion précise à ce sujet. »

Ce furent ses dernières paroles.

C'est que Kant, dont la pensée hardie avait soulevé toutes les questions, n'en avait résolu aucune. Il n'avait fortement saisi ni Dieu, ni l'âme humaine, ni la nature; et il avait fini par se trouver acculé dans l'impasse du doute. C'est là qu'aboutit forcément toute philosophie obscure : la lumière ne peut naître des ténèbres.

Kant était né à Kœnigsberg, le 22 avril 1724; il est mort dans la même ville, le 12 février

1804, âgé, comme on le voit, de près de quatre-vingts ans.

Notre histoire commence environ deux mois après la mort du philosophe.

LA PERRUQUE

DU

PHILOSOPHE KANT

I

L'Encan

Par son testament olographe, déposé en l'étude du notaire Tschirnaüs, le philosophe Kant avait légué sa bibliothèque à l'Université de Kœnigsberg, et sa garde-robe à l'hospice.

Il y eut procès à l'égard de la perruque.

Les héritiers soutinrent qu'elle ne constituait pas une des pièces de l'habillement. Par un jugement en date du 6 mars 1804, le tribunal considéra qu'il n'était pas convenable que la coiffure, sous laquelle avaient germé tant de grandes pensées, allât couvrir le crâne pelé d'un gueux de l'hospice. En conséquence, il ordonna qu'elle serait distraite du legs, et mise à la disposition des héritiers.

Le tribunal avait-il bien jugé ? En droit, pas un légiste n'oserait le soutenir. Mais, après la mort du philosophe Bayle, le parlement de Toulouse avait bien validé son testament qui, d'après la loi, devait être annulé, comme étant celui d'un réfugié. L'unique raison de décider de la sorte avait été celle-ci : le testament d'un homme qui a éclairé le monde et honoré sa patrie, doit être respecté.

Je rapporte ce fait pour faire voir que la justice se montre volontiers favorable aux philosophes... après leur mort, bien entendu ; ce qui peut consoler ceux qu'elle persécute de leur vivant.

Les héritiers firent annoncer, dans tous les journaux de l'Europe, la vente aux enchères de la perruque de Kant, pour le 1ᵉʳ mai 1804. L'adjudication devait avoir lieu dans la grande salle de l'Université de Kœnigsberg.

L'affluence des amateurs fut considérable. On compta parmi eux 127 docteurs des diverses universités de l'Allemagne, 17 philosophes écossais, trois lords anglais, 14 professeurs suisses, 18 Danois, 4 Italiens et pas un Français.

Les Allemands en conclurent que les Français n'ont pas la tête philosophique. On eût pu leur répondre que tête et perruque sont deux choses bien différentes.

Ici devait se placer un chapitre sur les perruques. J'y indiquais à quelle époque remonte cette invention ; quel chauve en fut l'auteur ; à quelles causes morales il faut attribuer les changements qu'a subis cette coiffure, depuis l'immense chevelure artificielle dont les auteurs du grand siècle ombrageaient leurs fronts, leurs cous et leurs épaules, jusqu'à la perruque ronde de J.-J. Rousseau, jusqu'au faux-toupet à l'aide duquel mon ami Perrichon dissimule l'absence d'une partie de ses cheveux. Le lecteur ne sait peut-être pas que mon ami Perrichon, le meilleur des hommes au fond, a été un de ces énergumènes romantiques, qui, prenant la partie pour le tout, ou plutôt l'accessoire pour le principal, qualifiaient de perruques, Molière, Racine et La Fontaine.

Les eaux dormantes du lac de l'oubli ont depuis longtemps enseveli le recueil de poésies publié par mon ami. Si son livre eût surnagé, la génération actuelle jetterait peut-être à la tête de l'auteur l'expression injurieuse de faux-toupet.

J'ai dû supprimer, non sans regrets, ce chapitre sur les perruques. D'après les dimensions qu'il avait prises, il eût rompu l'harmonie qui doit exister entre toutes les parties d'un ouvrage. Il aurait rempli, à lui seul, plus de la moitié du volume. Je me réserve de le publier à part, quand il sera terminé. Mais quand le sera-t-il? C'est ce que je ne puis dire encore. Perrichon, qui tient à prouver que perruque et faux-toupet sont deux choses absolument distinctes, m'a offert ses services pour les recherches à faire dans les bibliothèques publiques ; et il ne se passe guère de semaine qu'il ne m'apporte quelque document nouveau. Je consigne ici deux anecdotes historiques recueillies par lui, la semaine dernière ; elles pourront donner un avant-goût de ce que sera le petit livre. Que mes lecteurs me pardonnent cette réclame anticipée !

En l'an 1704, un tribunal espagnol condamna un malheureux perruquier français à être pendu, parce que, dans une perruque fabriquée pour Philippe V, il avait mis des cheveux coupés sur la tête d'un roturier. Toute la cour voulut assister à l'exécution. Dans ce pays de l'étiquette, un roi ne doit être coiffé que de cheveux de gentilhomme.

A la même époque, Binette, le chef de ces quarante perruquiers que Louis XIV avait attachés à sa cour, et qui l'accompagnaient dans tous ses changements de résidence, disait : Je dépouille la tête des sujets pour couvrir celle du souverain.

Le grand roi ne craignait pas de s'encanailler, en empruntant à ses sujets leur riche chevelure. Il y avait donc encore des Pyrénées.

Voici la seconde anecdote :

Après la conclusion de la paix faite à la suite de cette funeste guerre de 1756, dans laquelle Frédéric, roi de Prusse, battit si souvent les généraux de Louis XV, notre nation s'était prise d'une sorte d'engouement pour ce roi philosophe, ou-soi disant tel, qui, tenant tête à la France, à l'Autriche et à la Russie, trouvait encore le temps, dans la nuit qui précédait ses batailles, d'écrire à Voltaire, son correspondant, de longues lettres en vers et en prose. La mode nous fit alors adopter le tricorne à la Frédéric, la canne à la Frédéric, la cravate noire à la Frédéric, la tabatière à la Frédéric, et finalement la queue à la Frédéric. Cette queue, mince comme le doigt, entourée d'un ruban roulé et fort longue, pendait jusqu'au milieu du dos.

En 1785, le docteur Langbein se trouvait à l'orchestre de l'Opéra avec l'académicien Thomas. Pendant un des entr'actes, Langbein, compatriote et fervent disciple de Lavater, soutenait qu'à la première inspection des traits d'un individu il pouvait indiquer non seulement son caractère, ses habitudes, ses qualités et ses défauts, mais encore sa profession. Thomas, en vrai philosophe du dix-huitième siècle, souriait d'un air incrédule. Il finit pourtant par dire à son interlocuteur :

« Eh bien, dites-moi quelle est la position sociale de ce gros homme qui dort, la tête appuyée sur la balustrade qui nous sépare du parterre. Son visage est tourné de notre côté, et je vous permets de l'examiner à vôtre aise.

« Ce gros homme, répondit Langbein, sans la moindre hésitation, c'est un portier !

« C'est ce que nous allons savoir, reprit Thomas. »

Quittant sa place, il s'approcha du dormeur et cria d'une voix forte : Le cordon, s'il vous plaît ! Réveillé en sursaut, le gros homme bondit sur son banc, et saisissant la queue d'un spectateur placé près de lui, la tira avec une telle secousse, que la perruque suivit la queue et lui resta à la main. Une énergique paire de soufflets, que lui appliqua le spectateur décoiffé, acheva de réveiller le malheureux concierge.

L'aventure fit du bruit. Bientôt on vit à la porte des spectacles les petits clercs se glisser dans la foule et tirer le cordon avec toutes les queues qui se trouvaient à la portée de leurs mains. La mode n'était plus tenable. Il fallut se résigner à couper ces longues queues, d'ailleurs si disgracieuses et si peu commodes ; et l'on attacha ce qui restait de cheveux, dans un simple nœud de rubans, appelé *catogan*.

Quant au docteur Langbein, il devint, pendant tout un hiver, le héros des salons, où il donna des preuves multipliées de sa sagacité physiognomonique. Avant de retourner à Zurich, il fit imprimer à Paris sa SILHOUETTE MORALE, dont on attribue la préface à Thomas.

Mais rentrons dans la salle où va être mise

en vente la perruque de l'illustre Kant.

Elevée sur un champignon de bois d'ébène, la vénérable relique était exposée sur une table au milieu de la salle. Une balustrade empêchait les curieux d'approcher de trop près.

Quand tout le monde eut pris place, le notaire Tschirnaüs déclara la séance ouverte. Il donna lecture du procès-verbal contenant les conditions de la vente, et l'adjudication commença.

D'abord ce fut un brouhaha à rendre les gens sourds. Les enchères partaient à la fois de tous les côtés de la salle ; le notaire et le crieur ne savaient auquel entendre. Mais à mesure que le prix s'éleva, ce feu de peloton devint un feu roulant, puis on n'entendit plus que quelques tirailleurs. Finalement, le combat fut réduit à deux adversaires : le docteur Blasius, professeur de philosophie à l'Université de Heidelberg dans le grand duché de Bade, et le docteur Hasenkopf, recteur de l'Université de Kœnigsberg.

A trois mille thalers ! disait le notaire et répétait le crieur.

A trois mille cinquante thalers ! dit Blasius.

A trois mille cent thalers ! ajouta bientôt Hasenkopf. A trois mille cent thalers ! répétaient le notaire et le crieur. Allons, messieurs. l'objet vaut mieux que cela.

Blasius paraissait hésiter. On crut un instant qu'il abandonnait le champ de bataille. Tout à coup, par une tactique habile, il se leva et cria : A quatre mille thalers !

Il y eut une exclamation de surprise dans toute la salle. Hasenkopf pâlit, et faillit se trouver mal.

Je me permettrai ici une petite réflexion, dont à l'occasion le lecteur pourra faire son profit.

Quand un objet est mis en vente, tous ceux qui se présentent pour prendre part aux enchères, ont d'avance arrêté le prix qu'ils y mettront, et en général ils ont résolu de ne pas le dépasser. Si donc, laissant les autres se faire la petite guerre par des enchères minimes, vous portez d'emblée la vôtre à la valeur véritable de l'objet, tous ceux qui étaient décidés à y mettre la même somme, battent en retraite ; et la victoire vous reste, parce que d'un bond vous avez le premier touché le but.

C'est ce qui arriva ici. Hasenkopf avait fixé à 4000 thalers le maximum de ses enchères ; il ne voulut pas aller au delà. Quand même il aurait eu le désir de porter encore quelques mises, pour sauver son amour-propre, un si rude joûteur l'épouvantait. Dans nos anciens tournois, un chevalier, précipité de son cheval par un foudroyant coup de lance, n'était pas tenté de se remettre en selle et de se présenter de nouveau dans la lice.

Hasenkopf laissa donc le notaire et le crieur répéter sur tous les tons de la gamme : l'objet vaux mieux que cela, messieurs ! Une fois, deux fois ; attention, messieurs !

A la fin, d'un petit marteau de bois à manche de baleine, qu'il tenait à la main, le notaire frappa un coup sec sur un timbre placé devant lui, et d'une voix solennelle il prononça ces mots : Adjugé au docteur Blasius, pour la somme de quatre mille thalers, outre les frais.

Pour éviter toutes recherches à mon lecteur, je le préviens que 4,000 thalers font tout juste 15,000 francs de notre monnaie, le thaler valant 3 francs 75 centimes.

Hasenkopf se leva et quitta la salle. Au moment où il sortait, les élèves de l'Université, furieux de voir que la perruque de Kant ne leur restait pas, se mirent à siffler leur recteur, et le suivirent avec des cris et des huées.

1

Triomphe de Blasius

Cependant Blasius était entouré et complimenté par le reste de l'assistance. Son front était radieux; ses narines se gonflaient de la joie du triomphe, comme celles de l'Apollon du Belvéder, avec lequel au surplus le docteur n'avait aucun autre trait de ressemblance.

Le crieur vint, chapeau bas, lui demander un pour-boire. Il y avait droit, le malheureux!

sa voix enrouée le prouvait assez. Blasius lui donna deux thalers. Le clerc du notaire, en lui faisant signer le procès-verbal, réclama aussi une gratification. On ne pouvait lui donner moins de quatre thalers. Les garçons de salle s'approchèrent à leur tour, et ils exposèrent qu'ils en auraient pour tout un jour à cirer le parquet et les escaliers. Ils étaient cinq et reçurent chacun deux thalers. Enfin l'huissier du cours de philosophie revendiqua l'honneur de porter la perruque à l'hôtel du docteur. Sa demande fut agréée, et il eut quatre thalers pour sa peine.

Quand Blasius eut réglé le prix de son acquisition par un mandat sur un banquier de Kœnigsberg, il retourna à l'hôtel du Cygne-Blanc, accompagné d'une partie de ses compétiteurs, qui y étaient aussi descendus. Au moment où il prit place à la table d'hôte, les garçons de l'hôtel lui apportèrent un magnifique bouquet. Nouvelle gratification qu'il lui fallut donner. Au dessert, le sommelier vint lui demander à l'oreille s'il ne devait pas monter du vin du Rhin, pour tous ces messieurs qui désiraient porter sa santé. Blasius trouva qu'en effet rien n'était plus convenable. Mais, au moment où debout il répondait à l'orateur qui venait de vider son verre, et au nom de l'assemblée lui avait souhaité gloire et bonheur, une grêle de pierres fit voler aux éclats les vitres de la salle. Ce fut un sauve-qui-peut général. Blasius, qui avait reçu une pierre au front, ne perdit pas la tête. Il était trop philosophe pour cela. Par un mouvement rapide il s'empara de la perruque, qui se dressait sur un champignon au milieu des sucreries du dessert, et chercha un abri sous la table.

Tout ce tapage venait de messieurs les étudiants. A l'issue de la vente, ils s'étaient tumultueusement réunis dans une brasserie et, en vidant force chopes de bière, ils avaient comploté d'empêcher, au besoin par la violence, que la perruque ne sortît des murs de Kœnigsberg. Dans leur patriotique ardeur, ils avaient commencé par aller casser les carreaux à la maison du recteur ; puis, prenant goût à ce passe-temps, ils étaient venus en faire autant à l'hôtel du Cygne-Blanc. O amour exalté de la philosophie, à quels égarements tu peux entraîner de jeunes et nobles cœurs ! Car j'aime à croire que la bière ne fut pour rien dans ce délire passager.

Un régiment prussien arriva bientôt au pas de charge sur la Place royale, où l'hôtel du Cygne est situé. Les plus mutins furent arrêtés ; le reste se dispersa.

Quand le désordre fut apaisé, on tira de dessous la table le pauvre Blasius, qui d'une main tenait le support de la perruque, et de l'autre cherchait à comprimer la bosse de son front. Le digne homme était plus mort que vif. Le bruit de tonnerre que les pierres avaient produit, en tombant sur la table, aurait glacé d'effroi le cœur d'un guerrier ; à plus forte raison celui d'un philosophe. Quelques-uns des convives étant rentrés dans la salle proposèrent de se remettre à table ; mais Blasius annonça qu'il partait à l'instant même, et il monta dans sa chambre pour faire ses préparatifs.

Là, il était attendu par Jonathas, le vieux domestique de Kant. Cet honnête serviteur voulait, lui aussi, complimenter l'acquéreur de la perruque de son maître; ou plutôt il désirait la voir, la toucher encore une fois. Il était en proie à une vive émotion. « Ah ! Monsieur, dit-il à Blasius, quand il se fut un peu remis, quel bon maître j'ai perdu ! Personne n'a connu, comme moi, la pureté de ses mœurs, la douceur de son caractère, la bonté de son cœur. Pendant trente ans que j'ai été à son service, jamais il ne m'a témoigné le moindre mouvement de mauvaise humeur. Souvent il me tendait la main, en me disant familièrement : Merci, mon bon Jonathas. Il m'a appelé plus d'une fois son ami. Moi, pauvre ignorant, l'ami d'un si grand philosophe ! Et, pendant sa longue maladie, si vous saviez comme il s'est montré patient, affectueux et reconnaissant des soins que je lui rendais ! Comme si j'avais fait autre chose que mon devoir. Un soir, que je l'avais aidé à se retourner sur son lit de souffrance, il voulait me baiser les mains. C'est moi seul qui l'ai soigné et veillé ; je suis sûr que mon maître l'aimait mieux ainsi. Une garde-malade, ou toute autre personne auprès de son lit, eût apporté un changement dans ses habitudes et l'eût troublé. Quand déjà le froid de la mort glaçait sa main, il a encore fait un effort pour serrer la mienne, et le dernier rayon de ses yeux s'est éteint dans les miens. J'avais toujours espéré mourir en même temps que lui. Dieu ne l'a pas voulu, et m'a laissé sur la terre pour le pleurer. »

Jonathas demanda la faveur d'emballer la perruque dans la petite caisse qui devait la contenir. Il alla chercher un marteau, des clous et du cordon. Il suspendit la perruque dans la boîte, de manière qu'elle ne fût pas endommagée par les cahots de la voiture. A voir les précautions qu'il y apporta, on eût dit qu'il craignait que les chocs ne la fissent souffrir.

Quand il eut cloué et ficelé la caisse, il voulut la prendre pour la descendre, mais il retomba comme inanimé sur sa chaise, et se mit à pleurer. Blasius chercha à le consoler et lui glissa dans la main un frédéric d'or. Jonathas refusa. « Mon bon maître, dit-il en essuyant ses yeux, m'a assuré une pension plus que suffisante pour les besoins de ma vieillesse. Il m'a aussi légué sa montre. »

Et Jonathas la tira de son gousset et la baisa.

« Tant qu'il a vécu, dit-il, j'étais chargé du soin de la remonter chaque soir ; mais, depuis sa mort, je ne m'en suis pas senti le courage. Elle s'est arrêtée juste deux heures après que je lui eus fermé les yeux. Je sens que ma vie s'arrêtera bientôt aussi. J'irai rejoindre mon bon maître, et j'espère qu'il consentira à ce que je le serve encore là-haut. »

Blasius attendri embrassa ce fidèle serviteur. Il l'appela aussi son ami, lui prêta l'appui de son bras pour descendre l'escalier, et le fit reconduire chez lui par un des domestiques de l'hôtel.

Blasius demanda sa note à l'aubergiste ; celui-ci y avait porté vingt thalers pour les dégats occasionnés dans l'hôtel par l'émeute, dégats dont, selon lui, le possesseur de la perruque était responsable, puisque sa présence à l'hôtel en avait été la cause déterminante. Blasius voulut d'abord contester; mais il vit que sa résistance le forcerait à s'arrêter quelques jours de plus dans une ville, où chacun semblait s'ingénier à faire de larges saignées à sa bourse. Il paya, et monta daus la chaise de poste qui devait le ramener à Heidelberg.

Pendant qu'il roule sur la grande route, donnons quelques détails sur le personnage.

Blasius est depuis vingt ans professeur de philosophie à Heidelberg, et son nom n'est pas encore sorti de l'obscurité. Il est vrai que le vif éclat jeté par le philosophe de Kœnigsberg a fait pâlir toute autre renommée. Maintenant que ce phare, qui pendant cinquante ans a illuminé l'Allemagne, est éteint, d'autres gloires vont pouvoir se produire. Blasius espère que la relique dont il vient de faire l'acquisition l'aidera puissamment à se hisser sur le piédestal de la célébrité. Lui aussi, il pourra tourner, aux yeux de ses comtemporains éblouis, un nouveau feuillet de l'histoire de la philosophie.

Kant a été le Képler du monde intellectuel, pourquoi Blasius n'en serait-il pas le Newton ?

Blasius n'est pas riche. Depuis le commencement de son professorat, il a économisé une vingtaine de mille francs, qu'il destinait à la dot de sa fille Carlotta. Mais dans son cœur l'amour de la philosophie l'a emporté sur l'amour paternel. Le haut prix qu'il a dû mettre à la perruque de Kant, les frais du contrat, les gratifications et les indemnités qu'il a eu à payer, les dépenses d'un voyage fort long et fort coûteux, — car, entre Kœnigsberg et Heidelberg, il n'y a pas moins de deux cent cinquante lieues, — ont à peu près épuisé la somme par lui si péniblement épargnée. Mais le fait d'être resté en définitive l'heureux possesseur du précieux objet a déjà fait connaître son nom dans le monde savant. L'attention publique est éveillée ; et, quand le grand ouvrage qu'il médite fera son apparition, Blasius est sûr qu'il trouvera des lecteurs nombreux. Parmi ces lecteurs, il ne doute pas qu'il n'y ait beaucoup d'admirateurs. Il compte bien aussi rencontrer des contradicteurs, élément indispensable au succès. Le vent, dont le souffle vigoureux fortifie et enracine le végétal, ne lui est pas moins utile que la douce pluie qui le féconde.

III.

L'Exhibition

Une nouvelle tribulation attendait Blasius à la frontière du duché de Bade, sa patrie.

De tous les artistes français, ceux qui dans le monde entier jouissent de la réputation la plus étendue ne sont pas les peintres, ni les sculpteurs, ni les musiciens, ni les chanteurs, ni même les photographes; ce sont les coiffeurs. Partout où l'on danse, — et où ne danse-t-on pas? — soyez sûr qu'il y a des coiffeurs français.

Beaumarchais a jugé à propos de donner à Figaro un nom espagnol et un costume espagnol ; mais le type est français. L'Espagne possédait à la fin du dix-huitième siècle, et possède encore aujourd'hui, des barbiers qui rasent les hommes avec assez de dextérité, et qui saignent les femmes au bras ou au pied. Mais ce barbier de joyeuse humeur, dont l'esprit étincelle en vives réparties, qui noue, mêle et dénoue cinq ou six intrigues à la fois, ce barbier, libre penseur, toujours prêt à administrer des volées de bois vert à cet autre Tartufe appelé Bazile, ce n'est pas en pays d'inquisition, c'est seulement en France qu'il a pu naître. Si parfois vous le rencontrez à l'étranger, c'est qu'il y a transporté son petit établissement. L'abolition de la perruque a eu pour résultat inévitable la dispersion des coiffeurs français ; mais ils n'émigrent jamais sans esprit de retour : ils nous reviennent dès qu'ils ont réalisé une modeste fortune.

Avant la révolution de 89, les perruquiers formaient en France une corporation nombreuse. Leur industrie était florissante. Il n'était pas en Europe une tête d'homme d'État, de dignitaire ecclésiastique, de grand seigneur, de financier ou d'homme à la mode, qui ne voulût être coiffée par eux. Comme les objets de luxe sont une excellente matière à impôt, la plupart des États de l'Allemagne avaient établi des droits de douane sur l'importation des perruques fabriquées à l'étranger. Ces droits, dans le duché de Bade, étaient de dix pour cent. Une perruque française du prix de six cents francs payait donc soixante francs. Ce n'était pas trop assurément.

Quand Blasius se présenta à la frontière badoise avec la perruque du grand philosophe, les commis lui demandèrent quinze cents francs pour le droit d'entrée.

Quinze cents francs ! s'écria-t-il ; mais on ne paye d'ordinaire que soixante francs.

Oui, pour une perruque ordinaire, lui répondit-on ; mais tous les journaux ont annoncé que la perruque de l'illustre Kant a été achetée par vous quinze mille francs. La taxe étant de dix pour cent sur la valeur de l'objet, faites le compte vous-même ; vous verrez que vous avez à payer tout juste quinze cents francs, plus le timbre de la quittance.

Un procureur eût contesté ; le professeur trouva l'argument sans réplique. Dans l'impossibilité où il se trouvait d'acquitter ce droit exorbitant, il adressa une supplique à Son Altesse le grand duc de Bade, pour en demander la modération. La réponse ne se fit pas attendre longtemps. A cette époque, la bureaucratie n'avait pas reçu tous ses perfectionnements. Le prince, en félicitant Blasius de son acquisition, l'affranchit gracieusement de tout impôt. Après avoir été retenu deux jours par cette difficulté, le professeur franchit triomphalement la frontière ; bientôt il eut le bonheur de se retrouver sous son toit, assis à sa table frugale, entre sa fille Carlotta et sa nièce Roseline.

Blasius était veuf. Carlotta sa fille, grande brune de vingt-deux ans, n'était remarquable ni par sa beauté, ni par sa grâce, ni par son esprit ; mais elle était vive, agissante, et toujours prête à rire. Sa voix bruyante, sa franche gaîté, mettaient toute la maison en joie. Elle avait eu plusieurs soupirants. On n'ignorait pas que Blasius lui avait amassé une dot ; mais du moment où l'on eut appris que cette dot avait été employée à l'achat d'une vieille perruque, les soupirants s'étaient éclipsés. Sauf un léger froissement d'amour-propre, Carlotta les avait vus s'éloigner sans regret. Elle n'éprouvait pour aucun d'eux un sentiment bien prononcé. Puis, un nouveau prétendant avait fait oublier les autres. Un jeune docteur de l'Université de Tubingue, appelé à succéder prochainement à son père dans la chaire de philosophie, était venu à Heidelberg, pour voir la parure occipitale de Kant, et il faisait visiblement la cour à Carlotta. Nous aurons occasion de reparler de ce jeune docteur, dont le nom était Christian.

Roseline, nièce et pupille de Blasius, semblait être en tout l'opposé de sa cousine. Elle était petite et gracieuse. De longs cheveux blonds, — des cheveux d'Allemande, — des yeux bleus, de ce bleu profond qui vous trouble et vous ravit; un nez d'une admirable pureté, aux narines transparentes et roses; une bouche mignonne, souriante, ingénue; un menton d'une courbe élégante et fine, des joues vermeilles, un teint éblouissant, et par dessus tout cela, un voile de pudeur craintive et d'angélique bonté, faisaient d'elle un des plus aimables types que l'imagination d'un poëte puisse rêver. Sa voix vibrait comme la plus douce musique. Sa démarche, ses gestes, ses moindres mouvements étaient empreints de cette exquise délicatesse qui n'appartient qu'aux natures d'élite. En voyant ce regard limpide, plein de tendresse et de douceur, en respirant le parfum de chasteté et de grâce répandu autour d'elle, on se demandait quels trésors Ève possédait de plus dans l'Éden.

Ame aimante, sensible, au besoin forte et dévouée, Roseline était née pour être une fille, une amie, une épouse, une mère accomplie.

Bien que les deux cousines ne se ressemblassent ni au physique ni au moral, elles vivaient dans la meilleure intelligence. Qui eût pu ne pas sympathiser avec l'aimable Roseline ? Blasius, je le dis à regret, assez disposé à ne voir dans la femme qu'un être frivole et tout à fait inférieur à l'homme, — à quoi sert la philosophie, si elle nourrit de pareilles erreurs ? — Blasius éprouvait pour sa nièce une tendresse mêlée de respect. Il rudoyait assez souvent Carlotta, mais il n'avait que de douces paroles pour Roseline.

Le retour du philosophe dans la ville de Heidelberg y produisit une émotion extraordinaire. Sa porte fut assiégée par une foule de curieux qui demandaient à voir la perruque de Kant. Blasius n'admit à la contempler que les professeurs, ses collègues ; mais il annonça, pour le jeudi qui suivit son arrivée, une exhibition publique de la précieuse relique, dans la grande salle de sa maison. Les étudiants, les bourgeois de la ville et les étrangers y seraient admis.

Au jour fixé, les étudiants, marchant deux à deux, par escouades et suivant la hiérarchie des facultés et des classes, partirent de l'Université, et s'acheminèrent processionnellement vers la maison du docteur. Ils montaient l'escalier en bon ordre, faisaient le tour de la salle, s'inclinaient devant la respectable coiffure, puis chaque groupe se retirait sans rompre les rangs.

Sur le palier, une porte latérale était légèrement entr'ouverte. En y regardant bien, on eût pu voir dans l'enfoncement une petite curieuse qui, retirée vers le milieu de la chambre, observait ce qui se passait à l'extérieur. Mais, qui songeait à cette porte ? Tous les yeux étaient tournés vers celle de la grande salle, dont les deux battants étaient largement ouverts. Quand je dis tous les yeux, je me trompe. Un étudiant, aux cheveux châtains et bouclés, dirigeait obstinément les siens vers l'entrebaillement de la petite porte. A un certain moment, on vit luire comme un double éclair. C'étaient deux rayons ou deux regards qui se rencontraient. Puis, la petite porte se referma doucement, et sans que du dehors on pût voir quelle main l'avait poussée.

IV

Le Bouquet

Le lendemain, il faisait une de ces belles et tièdes journées de mai, que je ne décrirai pas, parce qu'elles ont été décrites mille et mille fois. D'ailleurs la petite chambre où nous allons pénétrer n'avait qu'une fenêtre donnant, non sur un jardin, mais sur une rue assez étroite. Cette fenêtre était ouverte et laissait entrer des bouffées de la saine et vivifiante senteur du feuillage printanier, dont une brise légère s'imprégnait, en passant à travers les arbres de la promenade voisine. Roseline, assise devant un clavecin, répétait sa leçon de musique. Elle chantait, mais seulement à demi-voix, comme si elle eût craint d'être entendue au dehors ; précaution assez inutile : la rue était déserte. L'horloge de l'église principale venait de frapper deux coups ; c'est le moment où les bourgeois de Heidelberg se mettent à table. Blasius seul dérogeait à l'usage. C'est que son cours à l'Université avait lieu à midi, et le professeur avait remarqué qu'il n'est pas bon de parler longtemps à jeun. Il dînait donc à onze heures.

Peu fréquentée en tout temps, la rue des Trois-Rois, dans laquelle la maison du docteur était située, jouissait en cet instant d'un calme absolu. Personne aux fenêtres, personne sur le pavé. Voilà pourtant un être humain qui s'y montre. Il s'avance d'un pas léger. Arrivé devant la maison de Blasius, il s'arrête. Le cou tendu, le corps penché en avant, il semble écouter avec une extrême attention les sons du clavecin, et quelques notes du chant, qui de temps à autre parviennent jusqu'à lui. Comme il garde une immobilité complète, nous avons le temps de l'examiner. Eh vraiment! c'est le jeune étudiant qui, la veille, a regardé du côté de la petite porte, et dont le regard s'est croisé avec celui de Roseline.

Celle-ci jouait et chantait toujours. Sa voix s'était renforcée par degrés. Se doutait-elle que quelqu'un l'écoutât? Je l'ignore. Le jeune homme avait amorti ses pas en marchant; il n'avait ni parlé, ni toussé. Il semblait même respirer avec précaution, comme s'il eût craint que le plus faible indice ne le trahît et ne fît taire la voix. Mais souvent la présence d'un objet aimé se révèle à nous par je ne sais quelle sensation mystérieuse. Y a-t-il, comme le prétendent certains physiologistes, de ces effluves, de ces courants d'un fluide sympathique, dont les ondulations, aussi délicates que celles de la lumière, viennent ébranler les fibres les plus ténues du cœur ? De plus jeunes que moi feront la réponse. Mais, à une époque déjà bien éloignée, quelque absorbé que je fusse dans mes études philosophiques, je sentais votre approche, chère Edmée, longtemps avant que mes yeux vous eussent aperçue, avant que mon oreille eût pu saisir le bruit de vos pas ou le frôlement de votre robe, sans qu'aucun de mes sens, en un mot, fût pour rien dans cette charmante perception.

Roseline chantait donc, et le jeune homme semblait plongé dans une extase muette. Tout à coup une lourde voiture ébranla le pavé à l'extrémité de la rue. Ludwig, — tel était le nom de l'étudiant, — tressaillit ; il baisa un petit bouquet, qu'il tenait à la main, le lança adroitement dans la chambre, et s'éloigna.

Le bruit que fit le bouquet en tombant sur le plancher était bien faible ; comment Roseline, toute à sa musique, l'entendit-elle ? C'est encore là un mystère que les amants seuls peuvent comprendre. Elle quitta vivement son clavecin, releva le bouquet, et courut vers la fenêtre ; non pour regarder en se penchant au dehors ; pour rien au monde elle ne se fut montrée ; mais elle interrogea d'un coup-d'œil rapide ces petits miroirs, que les curieuses filles de l'Allemagne attachent à l'extérieur et des deux côtés de leur croisée.

J'ai entendu plus d'un voyageur se moquer d'elles à cette occasion. Je n'hésite pas à prendre leur défense. Ces petits miroirs ne prouvent qu'une chose ; c'est que les femmes et les jeunes filles de ce pays sortent peu, et savent s'occuper dans leur intérieur. Quand, assises près de leurs fenêtres, elles exécutent, avec l'adresse qui les caractérise, quelque délicat ouvrage de tricot ou de broderie, leur ferez-vous un crime de jeter de temps à autre un coup-d'œil sur ces miroirs, pour épier ce qui se passe dans la rue ? Vous trouvez pourtant tout naturel — je parle à un de ces voyageurs dénigrants, — que votre femme et votre fille passent de longues heures devant une glace ; qu'elles y étudient l'effet d'un regard, d'un sourire, d'une minauderie, en s'occupant des apprêts d'une riche toilette, qu'elles iront bientôt faire admirer aux habitués du boulevard des Italiens ou du bois de Boulogne.

Libre à vous de penser ainsi ; permettez-moi d'être d'un avis contraire ! Se servir d'un miroir, non pour s'y contempler soi-même avec complaisance, mais pour y regarder les autres, c'est assurément l'usage le plus philosophique que l'on puisse faire de la chose. Puis, voir sans désirer d'être vue, n'est-ce pas une action bien méritoire chez une fille d'Ève ? Enfin si, suivant la remarque de Pope, *se trouver bien chez soi* est le plus difficile problème de la vie, il faut avouer que l'innocent espionnage des petits miroirs allemands aide puissamment à sa solution, au moins en ce qui concerne les dames.

En portant les yeux sur ses miroirs, Roseline vit donc le jeune homme s'éloigner. Elle le reconnut, bien qu'elle ne sût pas encore son nom. Une vive rougeur colora ses joues, déjà si vermeilles. Était-ce de l'indignation, de la surprise ou de la joie ? Les sentiments du cœur d'une jeune fille sont bien difficiles à démêler ; et depuis longtemps j'ai renoncé à ces sortes d'études psychologiques.

Que va-t-elle faire de ce bouquet ? Le rejeter dans la rue ? Mais le hasard peut amener là un autre étudiant qui, en le voyant tomber à ses pieds, s'imaginera qu'il lui est adressé. La plupart des jeunes gens sont si fats ! Porter le bouquet à sa cousine, et lui tout raconter ? Mais comment Carlotta prendra-t-elle la chose ? Elle croira peut-être... D'ailleurs le bouquet est si mignon ! Une petite rose de mai, à demi ouverte, entourée de myosotis. Par moment, les lèvres de la jeune fille faisaient la plus jolie petite moue, comme si elle eût voulu déposer un baiser sur ces fleurs si bien assorties. Oh ! non, elle n'en fera rien. Mais à quoi se résoudre ? Tout à coup, elle entend sa cousine qui se dirige vers sa chambre. Troublée, elle cache vivement le bouquet dans son sein, et s'élance au devant de Carlotta.

N'allez pas croire, chère lectrice, que Roseline fût décidée à garder le bouquet. Pourquoi sa cousine arrivait-elle juste au moment où la question était soumise à une sérieuse délibération, et où peut-être une heureuse inspiration allait la trancher ? Si l'aimable fille fit une faute en plaçant le bouquet là où sans doute l'étudiant avait désiré qu'elle le mît, il faut s'en prendre à l'embarras où elle fut subitement jetée. C'est ce que les légistes appellent un cas de force majeure. Or, ce cas affranchit de toute culpabilité celui ou celle qui agit sous la pression d'un de ces événements qu'il n'est donné à la prudence humaine ni de prévoir, ni d'empêcher.

V.

Le ruban

Le lendemain, à la même heure que la veille, Roseline était encore à son clavecin. Je l'ai déjà dit, c'était le moment où elle répétait sa leçon de musique. La fenêtre restait ouverte. La jeune fille ne voyait à cela aucun inconvénient ; d'autant plus qu'elle avait résolu de ne pas chanter. Mais, soit qu'il y eût de l'électricité dans l'air, soit pour toute autre cause, ses nerfs étaient un peu agacés ; ses doigts n'attaquaient pas nettement la note. Elle se levait, faisait quelques pas dans la chambre, étirait ses doigts effilés, interrogeait involontairement ses miroirs, puis revenait s'asseoir devant l'instrument. Les touches ne résonnaient pas mieux. Évidemment le clavecin avait besoin d'être accordé.

Renonçant à la musique, elle prit dans son panier à ouvrage un ruban bleu, et se mit à faire un nœud qu'elle voulait placer dans ses cheveux. Faire un nœud bien symétrique n'est pas chose si facile qu'on se l'imagine. Roseline y mettait toute son attention. Pour exécuter cet ouvrage délicat, elle s'était approchée de la fenêtre, se plaisant à voir le soleil miroiter sur les deux coques arrondies, qu'elle s'efforçait de rendre parfaitement égales. Tout à coup elle pousse un petit cri, et le ruban échappe à ses doigts. Que s'est-il donc passé ? Un événement des plus simples. Un jeune homme était là sous la croisée, occupé à la contempler ; et la jeune fille, en l'apercevant, avait été prise d'un saisissement.

Sans songer à regarder quel peut être ce curieux, elle se précipite vers l'escalier pour aller chercher son ruban. Une réflexion la retient. Ce jeune homme serait encore-là ; elle se trouverait face à face avec lui ; non, cela ne serait pas convenable. Mieux valait attendre qu'il se fût éloigné. Elle irait alors reprendre le nœud de ruban, que bien certainement le jeune n'aurait pas ramassé, que peut-être il n'avait pas vu tomber. Elle attendit donc quelques instants, se rapprocha avec précaution de la fenêtre, consulta prudemment les deux miroirs, et, dès qu'elle se fût assurée qu'il n'y avait plus personne dans la rue, descendit, ouvrit la porte, et, sans sortir de la maison, regarda de tous côtés. Le ruban n'était plus là. Le vent l'avait-il emporté ? C'était évidemment la supposition la plus vraisemblable ; mais Roseline ne pouvait se hasarder seule à pousser plus loin ses recherches.

Quand elle remonta dans sa chambre, Carlotta y entrait. Elle venait prendre sa petite cousine pour la promenade. Trois fois par semaine elles sortaient ensemble à cette heure, et se dirigeaient vers les ruines du vieux château, qui sont la promenade publique de Heidelberg.

Christian s'y trouvait d'ordinaire, et, tout en marchant, il donnait à Carlotta une leçon de botanique.

Les deux cousines sortirent. Roseline, qui ne voulait pas parler à Carlotta du ruban tombé dans la rue, — les jeunes filles font souvent mystère de choses bien peu importantes, — Roseline n'en éprouvait pas moins le plus vif désir de le retrouver. — Si nous descendions vers les rives du Neckar, dit-elle à sa cousine ?

— Pourquoi cela? répondit Carlotta toute surprise.

— C'est que... tout à l'heure... il m'a semblé voir M. Christian qui se dirigeait de ce côté.

— Cela n'est pas possible; qu'irait-il faire vers la rivière?

— Je ne sais, ma cousine; peut-être voulait-il avoir, pour ta leçon, des fleurs qui croissent au bord de l'eau; des myosotis par exemple.

— Mais en es-tu bien sûre au moins?

— Sûre? oh non ! Le jeune homme que j'ai aperçu marchait vite. J'ai pu me tromper. Si tu l'aimes mieux, cousine, montons vers le vieux château.

Mais Carlotta, que l'idée de voir Christian cueillant pour elle des myosotis au bord de la rivière transportait de bonheur, n'eut garde d'y consentir. Et les deux jeunes filles tournèrent leurs pas vers le Neckar.

Roseline avait-elle menti? Je donnerais le meilleur de mes contes pour être en droit de dire non. Malheureusement cela n'est pas possible. Oui, Roseline mentait : le jeune homme qu'elle avait vu n'était pas Christian. Elle le savait fort bien. Toutefois, ne nous montrons pas trop sévères : car il y a bien des circonstances atténuantes. D'abord, c'est le premier mensonge qui franchissait la barrière de ses dents blanches et de ses lèvres roses. Puis, le désir de ravoir son ruban est une raison que comprendront, je pense, toutes mes lectrices. C'était un caprice, si l'on veut; mais qui d'entre vous, mesdames, n'a parfois éprouvé la tyrannie d'un caprice? Et parmi vous, messieurs, n'en est-il pas plus d'un qui a fait bien des démarches pour un bout de ruban, d'une couleur différente peut-être; mais la couleur ne fait rien à l'affaire. Enfin une autre excuse, et la meilleure de toutes, c'est que Roseline avait résolu, dans le cas où elle retrouverait son ruban, d'avouer à sa cousine le petit subterfuge dont elle s'était servie, pour changer la direction de leur promenade accoutumée.

Elles descendirent donc la rue qui conduit au Neckar. Carlotta regardait devant elle ; Roseline baissait les yeux, soit par un peu de honte, soit pour chercher le ruban que le vent avait dû pousser de ce côté. Arrivées sur le rivage, elles ne virent pas Christian. Il n'y avait là qu'un étudiant assis sur un petit tertre et qui, les yeux sur un livre, paraissait absorbé dans sa lecture. Pour se garantir de la lumière trop vive et mieux voir au loin, Carlotta avait placé sa main étendue au-dessus de ses sourcils ; pendant ce temps Roseline jetait un regard furtif du côté de l'étudiant. Elle le vit tirer de son sein un objet qu'il baisa et cacha aussitôt. Quel était cet objet ? A sa couleur on eût pu croire... Mais Roseline avait souvent entendu dire au professeur Blasius que, pour les choses placées à une distance un peu considérable, les yeux sont des témoins peu fidèles. Elle resta donc dans le doute.

— Je n'aperçois pas Christian, s'écria Carlotta ! cousine, tu t'es moquée de moi.

— C'est probablement ce jeune homme que j'ai pris pour lui.

— Qui ? ce manant qui n'a pas levé les yeux de dessus son livre, depuis que nous sommes ici ? Assurément, il est loin d'avoir la tournure distinguée et les manières élégantes de M. Christian.

— Pardonne-moi, bonne Carlotta, de m'être trompée si étrangement. Hâtons-nous de nous diriger vers la promenade.

Elles pressèrent le pas. Roseline semblait n'avoir plus la moindre inquiétude sur son ruban. Après tout, la perte n'était pas grande. Il lui était facile de faire un autre nœud ; mais cette fois elle se promettait bien de ne plus s'approcher de la perfide fenêtre.

Les deux cousines trouvèrent Christian, qui commençait à s'impatienter. Les tendres reproches qu'il leur adressa ne déplurent pas à Carlotta. La leçon de botanique seule y perdit. Mais Christian, à qui elles racontèrent l'étrange méprise de Roseline, promit d'apporter des myosotis à la leçon suivante, ce qui acheva de mettre Carlotta en belle humeur.

Et Roseline, en voyant la douce joie de sa cousine, se pardonna intérieurement le petit mensonge qu'elle s'était permis.

Cette histoire m'en rappelle une autre qui, sauf la couleur du ruban, n'a pas grand rapport avec la première; je me hasarde à la raconter ici, bien que je reconnaisse qu'elle ne soit pas à sa place.

Je me promenais, un jour, dans les environs de Florence, me laissant guider par le hasard, ce capricieux cicerone, qu'en voyage je préfère à tout autre. En traversant un village, j'aperçus plusieurs personnes assemblées devant une maison de chétive apparence ; je m'approchai et je vis un spectacle émouvant.

On allait enterrer une petite fille, dont le corps exposé sur une espèce de lit de parade était revêtu d'une longue robe blanche. Un ruban bleu passé autour de la taille servait de ceinture. Chaque survenant s'agenouillait ; quand il avait achevé sa prière et secoué sur le corps le buis trempé d'eau bénite, il faisait un nœud à cette ceinture.

Je cherchai longtemps le sens de cette singulière coutume. Ne pouvant m'en rendre compte, j'en demandai l'explication à une bonne vieille qui venait, elle aussi, de faire un nœud au ruban, et l'avait serré plus fort que les autres. Eh ! Seigneur, me répondit-elle, ne comprenez-vous pas que ce petit ange, quand il entrera en paradis, ne voudra pas garder tous ces nœuds à sa ceinture ; et en les défaisant il se souviendra de nous et de nos prières.

Cette superstition naïve m'a paru touchante. Elle répond à un sentiment philosophique élevé : c'est que les êtres aimés, que nous avons perdus, établissent un lien entre notre monde et le monde invisible.

VI

Péters

Il est temps que nous fassions connaissance avec un personnage qui doit jouer un certain rôle dans cette histoire.

En parlant de l'intérieur du docteur Blasius, je n'ai mentionné que sa fille et sa nièce. C'étaient en effet les seules personnes qui habitassent avec lui. Il n'avait pas de domestique; les deux jeunes filles vaquaient aux soins du ménage ; Carlotta se chargeait de la cuisine, fort simple, comme on peut le croire. Un philosophe est si peu gastronome, qu'en général il ne sait pas ce qu'il mange.

Brillat-Savarin a remarqué qu'il y a des gourmands par état, et il en cite quatre catégories : les financiers, les médecins, les gens de lettres et les dévots. Il n'a rien dit des philosophes. C'est apparemment parce que — sauf les épicuriens, — c'est la classe de la société qui mange le plus vite et le plus mal. Ils oublient que la nature a mis des bornes aux facultés de l'homme : elle ne veut pas qu'il puisse faire également bien deux choses à la fois.

Sois à ce que tu fais, nous crie la sagesse antique. Mais il semble que cet adage ne soit pas à l'usage du philosophe. Le plus ordinairement, quand il se met à table, il continue à poursuivre la solution de quelque problème métaphysique. Dès lors, il n'apporte plus à l'acte important de la mastication l'attention soutenue, sans laquelle il est absolument impossible d'apprécier un bon morceau.

Cette distraction presque continuelle des savants a beaucoup d'autres inconvénients. J'ai été un jour victime d'une mystification, dont le souvenir me creuse encore l'estomac.

Le fait remonte à une époque où je m'occupais de philosophie spéculative, beaucoup plus que je ne le fais à présent. J'étais allé, avec un médecin de mes amis, inspecter une école dans une commune rurale, éloignée de douze kilomètres de la ville que j'habitais. Nous étions partis de grand matin et à pied. C'est ainsi que voyageaient Pythagore, Thalès, Platon, et tous les sages de l'antiquité. De nos jours encore, tout philosophe est piéton. Pendant le trajet, nous avions agité quelques questions métaphysiques d'une haute importance ; et j'avais eu la satisfaction de voir que mon ami, sceptique comme la plupart des jeune médecins, avait fini par se rendre à mes raisons.

Notre inspection terminée, nous nous acheminâmes vers l'auberge où nous avions commandé notre dîner. On nous servit un poulet rôti d'assez chétive apparence; rien avant, rien après. Mon compagnon, gastronome de profession et doué d'un appétit formidable, fit une mine des plus piteuses, en se voyant ainsi réduit à la portion congrue. Mais, au moment où il découpait le poulet, avec cette adresse que donne l'habitude de la dissection, il se mit à me nier carrément deux ou trois des propositions que nous avions débattues en chemin. Un peu étonné de cette brusque attaque, que j'attribuai à sa mauvaise humeur, je repris les arguments dont je m'étais servi le matin; mais je les disposai dans un meilleur ordre, et j'y donnai plus de développement. Je forçai, j'ose le dire, mon antagoniste dans ses derniers retranchements : il dut se rendre à discrétion.

La lutte avait été rude et longue. Seulement, pendant que je me laissais entraîner par l'ardeur de la discussion, mon traître adversaire, qui ne me répondait que par des signes de tête, avait presque entièrement dévoré le poulet : cuisses, ailes, carcasse, tout y avait passé. Il ne restait pour moi que le cou et un maigre croupion. La joie du triomphe, que je venais de remporter sur le terrain de la dialectique, me fit d'abord digérer cette disgrâce; mais, pendant le retour, les tiraillements de mon estomac me prouvèrent énergiquement que, si la philosophie est une excellente nourriture pour l'esprit, elle est tout à fait insuffisante pour sustenter le corps.

Non content du piége tendu à ma bonne foi, et dans lequel m'avait fait tomber l'humeur belligérante dont je me sens animé quand il s'agit de principes philosophiques, mon facétieux compagnon se mit à entamer, chemin faisant, une belle dissertation sur les avantages de la sobriété. Il me cita cette sentence du célèbre Cornaro, qui vécut plus d'un siècle :

Ce qu'on laisse d'un repas, fait plus de bien que ce qu'on en mange.

Et cette autre encore :

La table doit être un autel élevé à la frugalité, par conséquent à la santé et au calme de l'esprit.

Je le laissai dire et rire à mes dépens ; un goguenard repu a trop d'avantage sur un estomac vide. Le léger dépit, que j'éprouvais d'avoir été sa dupe, ne m'empêcha pas de retenir ses maximes ; et je me suis bien trouvé de les avoir mises en pratique ; tant il est vrai qu'une saine philosophie sait du mal faire sortir le bien.

Revenons aux jeunes filles. Roseline était spécialement chargée de l'arrangement intérieur de la maison. C'est elle qui mettait chaque chose à sa place. Elle faisait si bien que tous les meubles reluisaient, et répandaient cette bonne odeur de propreté, véritable luxe des habitations modestes.

Cet amour de l'ordre, qu'en Allemagne les femmes portent souvent à l'excès, — si en pareille matière il peut y avoir excès, — faisait le désespoir de Blasius. Quand Roseline avait passé une demi-heure dans le cabinet du docteur, celui-ci se trouvait jeté dans le plus grand désarroi : les livres laissés ouverts sur son bureau avaient été fermés et remis à leur rang dans la bibliothèque ; les papiers épars avaient été réunis, empilés ou encartonnés. Où retrouver l'écrit commencé ? le volume, la page contenant un renseignement précieux et longtemps cherché ? Le pauvre homme se donnait au diable, ce qui n'est guère philosophique. Il est vrai qu'il le faisait tout bas, car il n'osait se fâcher devant Roseline. Quand sa mauvaise humeur s'était un peu évaporée, il réprimandait doucement sa nièce, qui ne tardait pas à retomber dans la même faute. Elle n'avait jamais lu Boileau, et ne savait pas que souvent un beau désordre est un effet de l'art.

Le législateur du Parnasse — vieux style — n'appliquait, il est vrai, ce précepte qu'à l'ode. Mais, bien que je sois loin d'approuver le dénigrement que la nouvelle école professe pour ce maître, je ne puis admettre l'emploi restrictif qu'il faisait de cette sentence didactique. Quand même j'entends un poëte lyrique s'écrier : Où suis-je ? Que vois-je ! Quelle docte et sainte ivresse s'empare de moi !... J'ai toujours envie de lui répondre : Mon ami, vous êtes dans votre cabinet, chaudement empaqueté dans votre robe de chambre et les pieds fourrés dans votre chancelière. Ce que vous voyez, c'est apparemment le bout de votre nez, à moins que ce ne soit votre plume qui trotte sur le papier, où elle se heurte à plus d'une rime d'achoppement. Quant à être en état d'ivresse, je vous jure qu'il n'en est rien; je vous conseille même de réchauffer votre verve par un doigt de vin généreux.

Lassé de lutter contre ce qu'il appelait l'entêtement des deux jeunes filles, Blasius avait fini par prendre un parti extrême. Il leur avait formellement interdit l'entrée de son cabinet, et il s'était entendu avec Péters, huissier, ou comme on le dit encore, appariteur de l'Université, pour qu'il vînt trois fois par semaine frotter le parquet, essuyer les vitres et épousseter les meubles de son cabinet. Péters avait reçu l'ordre exprès de ne jamais toucher à ce qui se trouvait sur le bureau; mais il n'en tenait compte. Seulement les livres et les papiers qu'il déplaçait, quand il voulait cirer le cuir dont la tablette du bureau était recouverte, il savait les remettre au lieu où il les avait pris, et dans la position exacte qu'ils occupaient précédemment.

Péters était un grand garçon d'environ trente ans, assez bien fait de sa personne, et n'ayant pas mauvaise mine, quand il portait sur son habit noir la chaine d'argent, marque distinctive de son emploi.

Blasius donnait à Péters trois florins (environ 6 francs 50 centimes) par mois ; mais quand il eut fait l'acquisition de la perruque de Kant, son revenu se trouvant diminué en proportion de la somme qu'il y avait employée, il calcula qu'il ne pouvait plus se permettre cette dépense.

Il annonça donc à Péters que dorénavant il se passerait de ses services. L'honnête garçon en fut tout saisi. Il fit la grimace d'un homme qui va pleurer. Quand il eut un peu recouvré ses esprits, il supplia son maître de lui permettre de venir chez lui, comme par le passé. Il renonçait à toute espèce de gages ; l'honneur de servir un philosophe, tel que l'illustre docteur Blasius, valait mieux pour lui que tous les appointements du monde.

Le professeur se laissa attendrir, et se rendit aux désirs de Péters. Cet arrangement ménageait sa bourse, et calmait la crainte qu'il avait de voir les jeunes filles remettre le pied dans son cabinet.

Ne nous hâtons pas trop de louer les bons sentiments de Péters. Son dévouement au docteur était réel ; mais un motif plus puissant l'avait porté à lui faire une proposition si désintéressée. Péters était amoureux de Carlotta.

Un huissier amoureux ! direz-vous. Oui, madame ; il paraît que ces gens-là ont un cœur, comme vous et moi. D'ailleurs, ce serait une erreur de croire que l'amour, même avec toutes ses délicatesses, ne pût exister que dans une certaine classe de la société. Werther, qui devait s'y connaître, a prétendu, dans une de ses lettres, n'avoir jamais vu d'amour plus vrai, plus pur, que celui d'un jeune valet de ferme, épris d'une vive passion pour une veuve au service de laquelle il était. C'est même là, je le suppose, que Georges Sand a pris l'idée de son *Champi*.

Péters aimait donc Carlotta. Il avait pour elle toutes sortes de prévenances : il allait lui tirer l'eau, descendait le bois du grenier, et le mettait en place. Il aidait souvent la jeune fille à préparer son feu, à éplucher ses herbes, et il l'assistait complaisamment dans d'autres menus détails du ménage. Il lui adressait alors non des propos d'amour, — il était trop réservé pour cela, — mais des plaisanteries familières.

Carlotta, qui n'était pas fière, lui ripostait avec sa bonne humeur habituelle. Dans ces moments, Péters était le plus heureux des hommes.

Qu'espérait-il ? Je n'en sais rien. L'amour ne s'inquiète guère de l'avenir. La plante, qui pousse et qui déploie son gai feuillage, ne se demande pas si plus tard elle portera des fleurs et des fruits.

VII

La pipe et la pinte

Après sa leçon à l'Université, laquelle avait lieu de midi à une heure et demie, Blasius s'enfermait dans son cabinet. Il se faisait apporter un pot de bière et bourrait sa pipe. Tout en fumant et en chopinant, il lisait et prenait des notes. On sait que la bière et le tabac tiennent une grande place dans l'existence de tout honnête Allemand.

— Une beaucoup trop grande place ! me crie de sa plus grosse voix un médecin, de mes amis, qui, entré furtivement dans ma chambre, lit par dessus mon épaule ce que j'écris en ce moment.

— Ah ! docteur, vous voudriez bien que je fisse ici un réquisitoire contre le tabac.

— Oui certes ; et je vous y aiderais. Je vous l'ai dit cent fois : le tabac abrutit les générations nouvelles ; il éteint simultanément l'énergie physique et l'activité intellectuelle.

— Vous exagérez, docteur. Plusieurs d'entre mes amis fument et fument beaucoup. Je ne me suis jamais aperçu que leurs facultés en fussent le moins du monde affaiblies.

— Cela est possible ; mais dites-moi : leurs pères fumaient-ils ?

— Je ne le crois pas.

— Eh bien, attendez que leurs enfants et les enfants de leurs enfants aient été soumis au régime débilitant de ce poison, et vous m'en direz des nouvelles.

— Hélas ! docteur, je ne serai plus là pour vérifier l'accomplissement de votre sinistre prophétie.

— Elle ne s'en réalisera pas moins. Remarquez bien que je ne la donne pas comme une inspiration d'en haut, mais comme une conséquence rigoureuse des enseignements de l'histoire. Pourquoi la conquête du nouveau-monde a-t-elle été si facilement accomplie par une poignée d'Espagnols ? Parce que les Américains étaient adonnés à l'usage immodéré du tabac. Mais, — ce qui arrive souvent, — les vainqueurs ne tardèrent pas à prendre les usages et les vices des vaincus. Et les Espagnols, cette vaillante et fière nation qui, indépendamment de ses vastes états d'Amérique, a possédé le Portugal, les Pays-Bas, Naples, la Sicile, la Sardaigne, la Lombardie, le Roussillon, la Flandre française, et qui, il y a deux cents ans à peine, dressait insolemment ses tentes dans les plaines de Pontoise, voyez ce que le tabac a fait d'eux !

— Mais, docteur, les Espagnols ne fument que la cigarette...

— Et le cigare, dont ils font passer la fumée par leurs narines. C'est un moyen ingénieux d'exalter momentanément le cerveau et de le stupéfier ensuite. Après eux, le peuple qui a fumé le premier, et fume encore le plus sur notre continent, sont les Turcs. Un demi-siècle leur avait suffi pour conquérir les trois quarts du littoral de la Méditérranée, et pour former un empire qui s'étendait sur les plus belles contrées de l'Asie, de l'Europe et de l'Afrique. Rappelez-vous qu'en 1682 ils assiégeaient Vienne. Que sont-ils devenus sous l'influence délétère des vapeurs du tabac ? Vous le savez. Nos pères disaient : *fort comme un Turc ;* nous disons déjà : *apathique comme un Turc* ; dans cent ans on ne dira plus rien d'eux ; il n'y aura plus de Turcs. Les Allemands, dont vous parliez tout à l'heure, sont aussi d'intrépides fumeurs. Devinez-vous maintenant pourquoi ils nous ont laissé tout le fardeau de la dernière guerre d'Orient ?

— Ne serait-ce pas la politique, les alliances de famille...?

— Du tout ; le tabac, l'excès du tabac, vous dis-je. Au moment où la guerre éclata, un savant qui s'occupe spécialement de l'histoire physique et psychologique de l'homme, M. le professeur Serres, venait de parcourir l'Allemagne, le Danemarck et la Suède. Du haut de sa chaire, il ne craignit pas d'affirmer que les peuples de ces contrées se tiendraient cois, dans cette lutte de la civilisation contre la barbarie. Il n'en donnait d'autre raison que l'inertie morale où les avait jetés la passion désordonnée du tabac et des liqueurs alcooliques.

— Convenez pourtant, docteur, que, dans la guerre d'Italie, les Autrichiens ne se sont pas trop mal battus. Une bouche auguste les a consolés de leur défaite, en rendant justice à leur courage.

— Dites qu'ils se sont bien défendus. Mais l'élan, mais l'initiative, qui à la guerre fait la moitié du succès, leur a toujours manqué. Si, au premier bruit que les Français allaient prendre part à la lutte, les généraux autrichiens eussent envahi le Piémont, marché sur Turin, et écrasé l'armée de Victor-Emmanuel, croyez bien que nos braves troupes auraient eu à soutenir une guerre autrement longue et difficile. Mais non, ils ont temporisé, et ne se sont décidés à franchir la frontière, que quand déjà nous étions là pour les repousser.

— Oh! docteur, je ne vous croyais pas un si grand stratégiste. Mais, en refusant l'initiative aux peuples de race germanique, vous oubliez, ce me semble, que si la paix de Villa-Franca ne fût venue arrêter leur ardeur guerrière, la Prusse et la Bavière se préparaient à intervenir.

—Se préparaient ! Le mot est précieux, car il est juste. Oui, les peuples tombés, par l'abus du tabac, dans un état d'épuisement physique et d'engourdissement moral, si quelque grande circonstance les secoue vivement, ont encore le sentiment de ce qu'ils doivent faire. Comme vous venez de le dire, ils *se préparent* à agir ; mais il n'y a pas à s'en inquiéter, on peut être sûr qu'ils n'agiront pas. Ils ne connaissent plus ces volontés énergiques auxquelles rien ne résiste : ils ont seulement encore de ces velléités imparfaites qui n'aboutissent à rien. On sait que la fermeté de résolution a été longtemps un des traits les plus saillants du caractère germanique ; mais cette vertu va s'affaiblissant de plus en plus chez les nations formées de cette généreuse et grande race. Vous pouvez comprendre aussi pourquoi la Muse allemande, qui nous apparaît si pleine de jeunesse et de force dans les poésies de Schiller, de Bürger et de Goethe, nous semble déjà si vieillotte, dans les vagues nspirations de Heine et de Uhland.

— Mais, docteur, le même fait aurait dû se produire en France...

— Attendez ; nous n'en sommes guère qu'à notre première génération de fumeurs. Et pourtant ne remarquez-vous pas déjà, dans les poésies publiées de nos jours, les signes de l'affaiblissement que je vous signale? La rime est riche sans doute, riche jusqu'à en devenir monotone et fatigante ; mais les idées, quand il y a des idées, sont confuses ; les sentiments sont outrés. On croit suppléer à la force qui manque, par l'exagération. Triste ressource! croyez-moi : quand on veut peindre le monde, il ne faut pas le regarder à travers les vapeurs malsaines du cigare. D'ailleurs, sans une certaine énergie morale, il n'y a pas de poésie.

La volonté, qui fait la force d'un peuple, fait aussi la dignité de l'individu ; elle distingue un homme d'un autre homme : elle donne le caractère. Or, c'est précisément la volonté qui est atteinte et lentement détruite par la pernicieuse substance. Un de mes confrères a dit récemment, en pleine Académie, que le tabac seul suffirait pour transformer le monde moderne en un vaste hôpital de vieillards avant l'âge. Comment ne pas s'indigner quand on voit la France prendre goût à ces grossières voluptés? La France qui, oubliant sa noble et sainte mission...

— Assez, docteur, assez! permettez que je m'occupe de la philosophie du docteur Blasius.

— Mais c'est de la philosophie que je fais en ce moment, et de la meilleure encore.

— C'est possible, seulement elle n'est pas à sa place.

— Une attaque dirigée contre le tabac est toujours à sa place !

— De grâce, docteur, transigeons. Je vais prendre ma canne et mon chapeau. Nous irons faire un tour de promenade dans le jardin du Luxembourg. Là, je vous promets d'écouter, avec une religieuse attention, la suite de votre excellente dissertation sur l'âcre et corrosive substance importée en Europe par Jean Nicot qui, en l'année 1560, eut l'honneur d'offrir la première prise de sa poudre à Catherine de Médicis. C'est à cette circonstance que le tabac a dû son premier nom *d'herbe à la Reine*.

— J'accepte de grand cœur la promenade que vous me proposez. De cette manière, je vous tiendrai plus longtemps. Je vous ferai voir comment le tabac et l'absinthe, — cet autre poison dont l'usage est la triste conséquence du premier, — constituent un danger permanent pour la conservation de notre belle colonie du nord de l'Afrique. Suivant la très-juste remarque d'un philosophe du dix-huitième siècle, l'eau de vie, plus encore que la guerre, a détruit peu à peu les nations sauvages de l'Amérique septentrionale. En Algérie, les rôles sont intervertis : la nation barbare s'abstient du tabac et des boissons alcooliques, et la nation civilisée en fait le plus déplorable abus. Certes il y a là, pour nos hommes d'État, matière à réflexion. Après avoir constaté, l'histoire à la main, la funeste influence du tabac sur la destinée des peuples, je vous montrerai que ses résultats sur les relations sociales n'ont pas été moins regrettables. Nous verrons ce qu'était un salon français au dix-septième et au dix-huitième siècle, et ce qu'il est de nos jours ; nous verrons le fumeur, s'isolant même au sein de sa famille...

7.

— Soit; je vous laisserai tout dire, cher docteur; mais sortons.

. . . .

Nous voilà débarrassés de cet ami parfois incommode; continuons.

Blasius lisait donc et prenait des notes pendant l'après-midi. La nuit venue, quand les deux jeunes filles étaient couchées et le croyaient couché lui-même, il rentrait dans son cabinet, dont il avait grand soin de fermer les volets, quittait sa perruque, et s'affublait de celle de Kant, bien qu'elle fût trop large pour sa tête. Quand il s'était recueilli pendant quelques instants, quand il sentait les idées, restées accrochées sous les faux cheveux du philosophe de Kœnigsberg, s'insinuer à travers son crâne épais, il prenait la plume, et se mettait à écrire quelque chapitre du grand ouvrage dont il attendait la gloire et le rétablissement de sa fortune.

Il cessait ordinairement de travailler, un peu avant minuit. Alors il replaçait religieusement la perruque sous son cylindre de verre, serrait dans un carton les feuilles de son manuscrit, et allait se mettre au lit, où il dormait autant que peut dormir un philosophe, dont le cerveau ressemble à une marmite toujours en ébullition.

VIII

Rien qu'une mèche.

Péters seul, comme je l'ai dit, avait droit de pénétrer dans le sanctuaire où la relique était enfermée. Il entrait dans ses attributions d'essuyer le globe de verre sous lequel elle était placée. Comme en composant, Blasius avait l'habitude de porter fréquemment la main à son front, il en résultait que les boucles de la perruque étaient souvent en désordre ; Péters qui, dans sa jeunesse, avait été valet de chambre d'un conseiller aulique, prenait un peigne et réparait de son mieux le dérangement.

Il semble qu'il n'y avait pas grand mal à cela.

Cependant si Blasius avait su que Péters osait porter une main profane sur la vénérable coiffure, il l'eût chassé comme un misérable.

Ensuite le droit que Péters s'arrogeait de toucher à un objet qu'il devait respecter, le conduisit à commettre une faute dont les conséquences furent terribles.

Les philosophes, qui savent combien l'homme est faible contre les occasions de faillir, nous conseillent de les éviter avec le plus grand soin. Ils font consister la sagesse, non pas à résister à la tentation, mais à la fuir.

— Fuir ! c'est la sagesse des esprits faibles, me direz-vous, et non celle des âmes fortement trempées.

— Prenez garde, lecteur ; en pareille matière, il est dangereux de vouloir faire l'esprit fort.

Toujours est-il qu'en mettant la main sur la perruque, Péters doué, j'en conviens, d'un caractère peu énergique, s'exposait à une tentation bien grande, celle d'en couper une mèche.

Il y était d'ailleurs incité par un professeur de l'Université, le docteur Neidisch, qui, jaloux du bonheur de son confrère Blasius, voulait à toute force lui en dérober une petite part. Il ne cessait donc de tourmenter le bon Péters pour qu'il détachât secrètement une mèche de la perruque. Il promettait de la lui payer quatre florins.

Une mèche, une petite mèche, une seule, c'était bien peu de chose. La valeur de l'objet n'en serait aucunement diminuée.

Puis, quatre florins étaient bons à empocher,

maintenant surtout que Péters ne recevait plus de gages.

La pente était glissante. Quand le devoir et l'intérêt se trouvent en opposition directe, il faut veiller sur soi-même avec une sévérité sans relâche. Autrement, tôt ou tard, le sentiment du devoir faiblira.

Si Péters se fût abstenu de toucher à la perruque, il est à croire qu'il n'eût pas succombé. Mais presque chaque jour il en arrondissait les boucles sur ses doigts. Parfois il séparait avec le peigne une petite mèche, et se disait qu'il lui serait bien facile de l'enlever, sans que le plus habile pût rien y voir. Parfois même avec deux de ses doigts, qu'il écartait et rapprochait comme les branches d'une paire de ciseaux, il faisait le geste de la couper. Puis il rejetait bien loin cette mauvaise pensée, et terminait gaîment sa besogne.

Mais le tentateur revenait à la charge. Il

portait à six florins la gratification promise.

La probité de Péters commençait à chanceler. Le hasard voulut, — ce hasard-là ne serait-il pas le démon ? — qu'une paire de ciseaux se trouvât un jour sur le bureau. Blasius, ayant achevé plusieurs chapitres de son grand ouvrage, avait préparé, pour les mettre au net, un beau cahier de papier vélin ; et il avait emprunté les ciseaux de Carlotta, pour couper les bouts du ruban vert avec lequel il avait attaché les feuilles du cahier.

Les ciseaux étaient restés là, oubliés au milieu des plumes et des crayons. Péters les aperçut, au moment où il achevait d'accommoder la perruque. Il les saisit d'abord par manière de plaisanterie, les ouvrit, prit une des boucles entre les branches, et, soit par un mouvement réfléchi, soit — comme il l'a prétendu, — par une sorte de contraction nerveuse, indépendante de sa volonté, les doigts passés dans les anneaux de l'instrument se rapprochèrent, et la boucle tomba sur la table.

Péters eut peur. Il se hâta de faire disparaître la boucle de cheveux dans la poche de son gilet. Le remords ou la crainte d'être découvert faisait tellement trembler sa main, qu'il faillit briser le globe de verre, en le replaçant sur la perruque.

Il quitta promptement la maison, sans offrir, comme il le faisait d'habitude, ses services à mademoiselle Carlotta. Rentré chez lui, il s'enferma dans sa chambre. Il brûla une partie de la boucle et n'en conserva qu'une petite mèche, qu'il serra dans un carré de papier soigneusement plié.

Il n'osa la remettre au professeur Neidisch ni ce jour-là, ni les jours suivants. Il attendit la fin du mois. C'était peut-être un moyen de tranquilliser sa conscience. En recevant les six florins, prix de son larcin, il se disait qu'ils étaient la représentation de ses gages. A Dieu ne plaise que je veuille excuser la mauvaise action de Péters. Arrière les accommodements avec le ciel et les capitulations de conscience! mais l'avarice de Blasius qui, en continuant de recevoir les services de ce garçon, cessait de les rémunérer, n'en avait pas moins été une des causes déterminantes du méfait.

Rien qu'une mèche! s'était dit Péters. Malheureusement Neidisch ne se tut pas. Il fit part de sa bonne fortune à deux de ses collègues qui, eux aussi, voulurent avoir chacun une parcelle de la glorieuse perruque, comme une relique de l'homme dont le nom allait sans cesse grandissant, depuis sa mort. D'abord Péters refusa tout net. Puis, menacé de voir sa trahison divulguée, il se résigna, livra les mèches réclamées et en reçut le prix.

Comme on peut le supposer, d'autres demandes survinrent, et il y fut satisfait. Encore celle-ci, disait Péters en détachant chaque mèche, encore celle-ci; mais ce sera la dernière.

D'encore en encore la perruque se dégarnissait. Il était urgent d'y porter remède. Feignant de s'être blessé au pouce de la main droite, ce qui le mettait dans l'impossible de manier le rasoir, Péters alla se faire raser chez un barbier du voisinage. Il passait souvent de longues heures dans sa boutique à causer avec lui. Un barbier, qui a occasion de fréquenter un grand nombre de maisons, a toujours beaucoup de choses à raconter; mais ce n'était pas le charme de sa conversation qui retenait Péters. Il restait là pour voir le barbier-coiffeur confectionner ou réparer ses perruques. Parfois il lui proposait, en riant, de l'aider dans sa besogne, et il l'aidait en effet. Il en sut bientôt assez pour être en état de faire disparaître les brèches de plus en plus considérables que ses larcins journaliers occasionnaient à la respectable coiffure. De petites mèches d'étoupe teinte en noir-roux, venaient se substituer à celles qu'il enlevait. Un peu de poudre cachait l'artifice. D'ailleurs Blasius, tout à sa composition, n'y regardait pas de si près.

Après les professeurs, vinrent les étudiants; puis ce fut le tour des étrangers. Chacun d'eux obtenait, moyennant une rétribution invariablement fixée à six florins pour les Allemands, et à dix florins pour les Anglais, une parcelle de l'auguste coiffure. Ce trafic était devenu patent. Bon nombre de personnes s'imaginaient que Blasius n'y était pas étranger. On se disait qu'il voulait ainsi récupérer en détail le prix de son acquisition. C'est même à cette circonstance qu'il faut attribuer le silence qu'on gardait auprès de lui. On ne voulait pas l'humilier.

Mais comment les scrupules de Péters s'étaient-ils tus tout-à-coup? Hélas, lecteur, quand un homme a quelque peu cheminé dans le sentier du mal, sa conscience s'engourdit : c'est le premier châtiment de la faute. Puis vient le jour où elle se réveille, terrible, pour tourmenter sans relâche le coupable.

IX

Ceci et cela.

Le honteux négoce de Péters nous a menés trop loin. Il est nécessaire de revenir sur nos pas et de rétrograder de quelques semaines.

Ludwig, le discret amant de Roseline, n'avait pas été sans remarquer les promenades des deux cousines aux ruines du vieux château. Souvent il les suivait de loin, et, en se cachant derrière un arbre à quelque distance, il assistait aux leçons de botanique que le jeune professeur Christian donnait à Carlotta. Mais je dois dire que, dans ces occasions, Ludwig faisait plutôt usage de ses yeux que de ses oreilles. Il savait d'ailleurs que Christian avait ses entrées dans la maison du docteur; et l'on commençait à parler, dans la ville et à l'Université, du mariage de la fille de Blasius, comme d'un événement prochain.

Tout cela avait fait que Ludwig s'était senti tout-à-coup pris d'une belle passion pour la botanique. Une longue boite de fer-blanc suspendue en sautoir sur le dos, on le voyait presque tous les matins gravir les pentes rapides du Geissberg, ou *montagne des Chèvres*, qui domine la ville et le cours du Neckar. Là se trouvent, sur une colline nommée le Jettenbühl, les ruines de ce château célèbre, qui fut pendant plusieurs siècles la résidence princière des Électeurs palatins.

Rien de plus imposant que les restes de ce vieil édifice, renversé non par le temps, mais par la guerre. Pendant le cours du dix-septième siècle, il fut successivement bombardé et saccagé par Turenne, par Mélac et par Chamilly. A trois reprises différentes, ces généraux du grand roi mirent le Palatinat à feu et à sang, par la volonté implacable du Marquis de Louvois, qui avait donné les ordres les plus formels de tout réduire en cendres et de convertir en un désert cette belle et florissante contrée.

Après avoir incendié la ville d'Heidelberg, Chamilly fit incendier le château. On essaya ensuite de détruire avec le pic et la pioche ce que la flamme avait épargné ; mais, comme des murs de plus d'un mètre d'épaisseur ne se laissent pas facilement entamer, on plaça des tonneaux de poudre dans les caves et sous les fondations de l'édifice. Bien qu'on n'obtînt encore ainsi qu'un résultat incomplet, les démolisseurs, en se retirant, ne laissèrent après eux que des ruines.

Mais la bienfaisante et féconde nature est venue rapporter la production et la vie, là où les hommes n'avaient laissé que la destruction et la mort. Sa main réparatrice a jeté à profusion les semences de la plus riche végétation dans les crevasses de ces murs à demi calcinés. De magnifiques érables au feuillage dentelé, des chênes vigoureux, des bouleaux aux rameaux grêles, des hêtres à l'écorce lisse, des sapins aux flèches élancées, ont enfoncé leurs racines tortueuses dans ces pierres disjointes ; et leurs cimes verdoyantes ont donné au vénérable édifice une jeunesse nouvelle, et une décoration supérieure à celle qu'il devait à ses architectes.

D'après les parties restées debout, on voit que le vieux château était un ensemble de constructions élevées à diverses époques, et la plupart d'assez mauvais goût. Les statues des anciens électeurs, que l'on aperçoit encore dans quelques niches supérieures, celles que les soldats de Chamilly n'ont pu atteindre, ressemblent un peu, il faut bien le dire, à la tonne géante que les curieux vont admirer dans les caves du château. On calcule avec un certain effroi la quantité de bouteilles de vin que ces énormes ventres pouvaient contenir ; mais ces vieilles images sont aujourd'hui si bien encadrées dans de flottantes et capricieuses draperies de vigne-vierge, de lierre et de clématite, qu'elles produisent un effet des plus pittoresques.

Au-dessus, au-dessous et tout autour de ces ruines, s'étend sur le versant de la montagne une belle forêt. Quelques allées sinueuses habilement dessinées, une magnifique terrasse, des bancs placés aux endroits d'où la vue peut s'étendre au loin, le roucoulement des ramiers, et le chant des petits oiseaux, dont nul ne s'avise de troubler les amours, font de ces lieux dévastés une des plus riantes promenades qu'il y ait en Europe.

En herborisant dans ces beaux sites, très-fréquentés par la population le dimanche, mais à peu près déserts, les autres jours de la semaine, Ludwig ne pouvait manquer de rencontrer Christian. Il l'accostait et le priait de lui indiquer les noms de quelques-unes des plantes qu'il avait recueillies. On oblige un savant, quand on lui demande un service qui lui permet de faire étalage de sa science. La connaissance s'établit peu à peu entre les deux jeunes gens, et ne tarda pas à devenir plus intime.

Les habitants aisés de cette contrée de l'Allemagne ont l'habitude de se réunir, à la nuit tombante, dans les hôtelleries, pour y boire ce qu'ils appellent le *coup du soir*, en causant de leurs affaires. C'était pour Ludwig une occasion toute naturelle de cultiver les bonnes dispositions que lui montrait Christian. Quelques verres de vin du Rhin, gracieusement offerts au jeune professeur, cimentèrent l'amitié commencée.

Le vin du Rhin ! Quel souvenir parfumé il laisse à la bouche et au cœur ! Nos vins de France n'ont guère été célébrés que par d'aimables chansonniers ; le vin du Rhin a été chanté par les plus beaux génies de l'Allemagne, par ses poëtes religieux et philosophes, par Klopstock, par Claudius, par Novalis, par Voss, par Hoelty, par Arndt. C'est que le vin de France porte à la tête : il stimule, il électrise les fibres du cerveau et en fait jaillir de vives étincelles, de pétillantes saillies. Le vin du Rhin porte au cœur, qu'il réchauffe et dispose aux sentiments affectueux.

Quand vous en avez bu quelques verres, toutes les femmes vous paraissent jolies', tous les hommes deviennent vos amis. Dès ce moment vous comprenez, vous aimez l'Allemagne :

l'amour pur, constant, dévoué de la femme allemande n'est plus pour vous un mot sans signification. Vous appréciez la bienveillance allemande, auprès de laquelle la politesse française n'est qu'une monnaie d'un titre inférieur : l'une est la volonté de vous servir unie à la bonne grâce, l'autre n'est que le désir de vous être agréable, dans le moment présent ; l'une est un sentiment, l'autre n'est qu'une affaire d'éducation. La loyauté allemande n'a plus rien qui vous surprenne. Compétiteurs à l'empire d'Allemagne, Louis de Bavière et Frédéric de Habsbourg avaient eu recours aux armes, pour soutenir leurs prétentions respectives. Trahi par la fortune et fait prisonnier, Louis acheta sa liberté par la promesse qu'il fit à son rival de le servir fidèlement, fût-ce contre ses propres sujets. Après cet accord, les deux princes s'embrassèrent, soupèrent ensemble et couchèrent dans le même lit. Le lendemain,

8,

Louis partant pour l'Italie, où l'appelait la guerre, laissa la Bavière à la garde de Frédéric, son ennemi de la veille. D'où lui venait cette noble confiance, dont il n'eut pas lieu de se repentir? C'est qu'il avait vidé avec Frédéric un flacon de vin du Rhin, comme a soin de le faire remarquer Schiller, qui a raconté en beaux vers ce trait de la loyauté allemande.

J'avoue pourtant que, malgré le vin du Rhin, la philosophie allemande est restée une énigme pour moi. Cela tient sans doute à ce que je suis un très-petit buveur. Si la vérité se cache dans une bouteille, c'est probablement tout au fond, et jamais je ne vais au delà du troisième verre.

Il y a bien encore, — j'ai honte de le dire, — une chose d'outre-Rhin que je ne comprends qu'à demi, c'est la musique allemande; non pas la tienne, divin Mozart, non pas celle des *lieder* ou chansons populaires, mais celle du théâtre moderne. Ah! Monsieur Meyerbeer, invitez-moi donc à boire avec vous quelques verres de vin du Rhin, le jour où je dois assister à un de vos opéras ; peut-être alors mon intelligence s'ouvrira-t-elle à votre musique, qui jusqu'à présent me semble parler trop bruyamment à mon oreille, et pas assez souvent à mon esprit ou à mon cœur.

Une sorte d'intimité s'était établie entre Christian et l'étudiant Ludwig. Dès lors celui-ci parut choisir, pour ses herborisations, les heures ou il était sûr d'y rencontrer Christian avec les deux cousines. En passant devant eux, il les saluait et recevait leur salut. Il s'enhardit bientôt à adresser la parole au professeur ; mais il balbutiait, il rougissait, il baissait les yeux. Une des jeunes filles aussi rougissait et regardait la terre. Je dois dire que ce n'était pas Carlotta.

J'ai oublié de mentionner que Ludwig avait un chien, qui l'accompagnait dans ses excursions. C'était un magnifique Terre-neuve, au poil soyeux et du plus beau noir.

Ludwig aimait beaucoup son chien, qu'il avait arraché à un affreux supplice. Ce bel animal avait appartenu à un Anglais. Un chiffonnier le lui vola et le vendit à des étudiants en médecine, qui l'achetèrent pour le soumettre à des expériences physiologiques. A cette époque, d'après l'impulsion et à l'exemple du grand physiologiste Haller, — les plus beaux génies peuvent s'égarer, — messieurs les professeurs des facultés de médecine commençaient à disséquer vivants, dans leurs amphithéatres, de pauvres animaux, cherchant à découvrir dans leurs entrailles palpitantes les secrets de la vie; et messieurs les étudiants ne manquaient pas de répéter, dans leurs chambres, ces belles démonstrations.

Mais disons-le tout de suite, et sans vouloir le justifier entièrement, Haller expérimentait dans le silence et le recueillement du laboratoire, avec des mains miséricordieuses et un cœur religieux. Ce n'est pas lui qui eût donné en spectacle, à une jeunesse insoucieuse et légère, le supplice infligé à un malheureux chien, tenu sous la tenaille et le couteau, pendant la longue durée d'une leçon. Ce n'est pas lui qui eût réservé, pour les séances suivantes, la victime à laquelle il serait resté un souffle de vie.

Espérons que ces pratiques abominables, dont on a osé faire un art sous le nom de *vivisection,* auront bientôt fait leur temps. Est-ce dans les convulsions de la douleur, — a dit un homme de cœur, — que l'on peut saisir les lois régulatrices de la vie? Est-ce en torturant de malheureuses bêtes que l'on apprend à guérir les hommes ? — Je réponds : Non. Il n'est pas possible que Dieu ait mis l'acquisition de la science au prix de si cruelles souffrances imposées à des êtres innocents.

Ludwig donc, entrant un jour chez quelques camarades, vit Black, — c'est le nom que l'Anglais avait donné à son chien, — cloué sur une table ; un des étudiants, armé d'un scalpel, venait de lui fendre la peau, et se préparait à lui ouvrir le flanc, pour mettre à nu les veines mésaraïques.

Ludwig jeta un cri d'horreur et s'opposa violemment à la continuation de cette odieuse expérience. Un duel s'ensuivit, dans lequel Ludwig reçut une légère blessure. Son adversaire se montra généreux : non seulement il soigna Ludwig avec un louable empressement ; mais quelques jours après, il lui fit don de Black, dont il avait recousu fort adroitement la peau, et qu'il avait pansé et guéri. L'Anglais ayant quitté Heidelberg, Ludwig garda le chien.

Quand, dans ses promenades, l'étudiant s'arrêtait auprès de Christian et des deux cousines, Black, qui, avec l'instinct particulier à son espèce, avait deviné l'affection de son maître, s'approchait timidement de Roseline. Son attitude implorait une caresse. La jeune fille effleurait à peine, du bout des doigts, la tête de l'intelligent animal, dont les regards, les oreilles mobiles et la queue garnie de longs poils flottants, traduisaient l'émotion intérieure. Par un sentiment de pudeur craintive, Roseline retirait bien vite sa main. Quelquefois Ludwig grondait le chien, mais d'une voix qui n'annonçait pas la colère; et dès qu'il était hors de la vue des deux cousines, il s'asseyait sur le gazon, appelait Black, le prenait dans ses bras, et le baisait avec des transports qui tenaient de la folie.

Malheureusement pour l'étudiant, Christian fut obligé de retourner à Tubingue. Il avait quelques arrangements à prendre, pour son installation dans la chaire de philosophie qu'occupait encore son père. Il avait promis à Carlotta de revenir dans un mois pour demander sa main.

Après le départ de Christian, les promenades des deux cousines cessèrent. Il ne restait à Ludwig que la consolation de passer vingt fois par jour dans la rue des Trois-Rois. Mais la fenêtre restait obstinément fermée. Il ne pleuvait plus de nœuds de ruban dans cette rue déserte.

D'où venait ce changement? Depuis que Roseline avait entendu la voix de l'étudiant, depuis qu'elle savait son nom, depuis qu'elle l'avait, non pas vu, mais senti si près d'elle, en un mot depuis qu'elle était obligée de reconnaître qu'elle l'aimait, elle avait peur. Elle ressemblait à ces fleurs délicates qui se ferment, quand la lumière devient trop vive. Elle se sentait engagée, et elle eût voulu se faire oublier par Ludwig. Elle se le disait du moins, en ajoutant tout bas que, quant à elle, elle était malheureusement sûre de ne l'oublier jamais.

X

La dot.

L'absence de Christian parut bien longue à Carlotta, plus longue encore à Ludwig et à Roseline. Enfin le jeune professeur revint, un peu contrarié : son père, qui régulièrement eût dû faire la demande, était cloué dans son fauteuil par une attaque de goutte.

Christian se présenta chez Blasius, le jour même de son arrivée. Il éprouvait un certain embarras ; il avait deux choses à demander : la main de Carlotta et, comme dot, la perruque de Kant.

Il y a deux manières de faire son chemin dans le monde philosophique, littéraire ou artistique. La première, c'est le travail patient, c'est la persévérance. Cette voie est la plus sûre, mais elle mène bien lentement à la célébrité.

L'autre voie est celle de la chance, de l'aventure. Elle correspond à la spéculation hasardeuse dans l'industrie. Produisez une œuvre qui fasse scandale, ou imaginez tout autre moyen exceptionnel d'attirer les regards sur vous : votre nom sort tout à coup de l'ombre. Il ne s'agit plus que de soutenir l'éclat dont il s'est soudainement illuminé. C'est le difficile de la tâche : dans ce firmament factice, il y a bien des étoiles qui filent.

Ai-je besoin d'ajouter que cette hâte d'arriver à la renommée n'est pas propre aux grandes âmes. Christian n'était qu'un ambitieux vulgaire. Carlotta ne lui déplaisait pas : elle était simple, elle était bonne ménagère ; avec elle il était sûr d'avoir une existence douce et réglée. Ses idées sur le bonheur conjugal n'allaient pas au delà. Une plus grande élévation de caractère chez sa fiancée lui eût probablement paru un défaut.

J'ai déjà fait remarquer dans quelles lourdes méprises tombent les philosophes, quand ils jugent les femmes. Cela tient à ce qu'ils soumettent tout à la logique, même les choses de sentiment. Cette déplorable invasion du raisonnement dans le domaine de l'affection remonte à Aristote. De nos jours, on y a ajouté l'analyse physiologique et anatomique. Ainsi M. Michelet veut écrire sur l'Amour et sur la Femme. Où va-t-il étudier son sujet ? A Clamart, dans les amphithéâtres de dissection, et sur les bancs du Collége de France, au cours d'embryogénie de M. Coste. Dieu sait quelles découvertes fait là notre historien philosophe! Il est vrai que ce diable d'homme revêt de si riches couleurs les étranges révélations qu'il nous débite ; il y mêle tant de choses écrites avec le cœur, et possède une telle magie de style, qu'il séduit les faibles. Mais les femmes protestent, en se voilant la face. C'est dire que l'écrivain est à cent lieues de la vérité.

Christian n'avait pas, à beaucoup près, approfondi ces matières autant que M. Michelet. Ce qui lui tenait au cœur, c'était moins la jeune fille que la dot.

La dot ! mot qui presque seul aujourd'hui fait trébucher ta balance, ô vieil Hyménée! Toutefois, nous l'avons déjà reconnu à l'honneur des philosophes, ce ne sont pas les gros sacs d'écus qu'ils se plaisent à voir dans les plateaux de la balance.

La dot que Christian voulait obtenir, en épousant Carlotta, c'était la perruque de Kant. Si l'on daigne y réfléchir, on comprendra l'importance qu'il y attachait : une perruque qui devait faire rejaillir sur son heureux possesseur la gloire du plus grand philosophe de son temps, était bien faite pour tourner la tête au jeune ambitieux.

Quand, introduit chez le docteur, il exposa la première partie de sa demande, il vit un rayon de joie illuminer le front du vieillard; mais, dès qu'il arriva à l'article de la perruque, Blasius tressaillit brusquement, comme s'il eût été frappé par la décharge d'une batterie électrique. Il recula si vivement son fauteuil, qu'il alla se cogner la nuque contre un des angles de sa bibliothèque. Jamais, s'écria-t-il, jamais !

Christian ne se découragea pas. Il représenta doucement au philosophe que la perruque de Kant avait été achetée — nul ne l'ignorait, — avec l'argent destiné à la dot de Carlotta. D'ailleurs, l'effet qu'il pouvait attendre de la possession de cette auguste relique était produit : tous les échos du monde savant avaient répété son nom, désormais inséparable de celui du sage de Kœnisberg. Pourquoi se refusait-il à ce qu'un rayon affaibli de cette gloire fût reflété sur l'époux de sa fille ?

Mais Blasius n'entendait rien. Hors de lui, les doigts crispés, les lèvres tremblottantes, les yeux hors de la tête, il ne cessait de répéter : Jamais, jamais !

Christian jugea qu'il était prudent de se retirer. Carlotta l'attendait au bas de l'escalier. A deux heures au vieux château ! lui dit-il, et il sortit précipitamment.

A deux heures les deux cousines et Christian se trouvaient au rendez-vous.

On s'assit sur un banc, dans un des endroits les plus retirés de la promenade.

Christian ne savait trop comment exposer l'affaire à Carlotta. La présence de Roseline le gênait. Notre jeune ami Ludwig vint à propos le tirer d'embarras.

Il avait appris le retour de Christian. Sa passion pour la botanique s'était soudainement réveillée, et il avait recommencé ses excursions interrompues depuis un mois.

En passant près du professeur, il vint lui serrer la main. Christian l'accueillit avec amitié et lui faisant place sur le banc : « Asseyez-vous un moment auprès de nous, lui dit-il ; mademoiselle Roseline aime beaucoup les fleurs, montrez-lui celles que vous avez récoltées ce matin. »

A l'instant, il se fit une séparation entre les deux groupes. Christian, qui désirait parler à Carlotta de manière à n'être entendu que par elle, la poussa vers l'extrémité du banc. Du côté opposé, une manœuvre toute contraire produisit le même résultat. Roseline, se trouvant trop près de l'étudiant, se recula insensiblement ; insensiblement aussi Ludwig se rapprocha d'elle ; ils ne tardèrent pas à se trouver à l'autre bout du banc. Un espace vide s'étant produit au milieu, je vais m'y glisser, afin de prêter l'oreille à ce qui se dit à droite et à gauche.

Écoutons d'abord à droite :

Christian annonce à Carlotta le refus opposé par son père à la demande qu'il a faite de sa main. « Il ne me reste plus qu'un moyen d'assurer notre bonheur, lui dit-il : ce soir, à dix heures, je vous enlève, et j'emporte la perruque, que je suis en droit de considérer comme votre dot légitime. Oh ! ne refusez pas. Je jure de vous respecter. Une de mes tantes habite Mannheim. En quelques heures nous y serons rendus. Je vous confierai à cette bonne parente, que je viens de prévenir par un exprès. Quant à moi, je reviendrai dans la nuit même à Heidelberg; et demain matin je ne doute pas qu'avec l'aide du recteur de l'Université, je ne parvienne à vaincre l'obstination de votre père. »

Carlotta refusa : elle ne voulait pas faire tant de peine au bon vieillard. Puis la chose lui paraissait impossible. Elle avait découvert, et ne cacha point à son amant l'emploi nocturne que Blasius faisait de la perruque de Kant. Cette révélation ne fit qu'enflammer le désir qu'avait déjà Christian de s'emparer d'un objet, dans lequel il voyait maintenant un talisman du plus haut prix.

Eh quoi ! — dira-t-on, — Christian pouvait-il croire à l'influence mystérieuse d'une vieille perruque sur les pensées de celui qui s'en affublait ? Que cette folle opinion fût acceptée par un vieux rêveur, tel que Blasius, cela se conçoit; mais chez un jeune homme, c'eût été le comble de la folie.

A cela il y a beaucoup de choses à répondre. D'abord les philosophes, les solitaires, tous les hommes qui vivent beaucoup plus dans le monde des idées que dans le monde de la réalité, deviennent facilement dupes de leur imagination. Ce sont des songe-creux, dit la foule, et je crois que la foule a raison. Si vous êtes en quête d'idées bizarres, de rêveries extravagantes, de visions cornues, c'est dans les petits cénacles des philosophes que vous avez chance d'en trouver beaucoup.

Après tout, les philosophes planent peut-être, comme les poëtes, au-dessus du sens commun. De là, l'effet étrange qu'ils produisent sur ceux qui les regardent d'en bas.

Puis n'existe-t-il pas des secrets que l'intelligence humaine ne peut expliquer, mais qu'elle aurait tort de nier, par cela seul qu'ils échappent à ses moyens d'investigation ? A chaque époque de l'histoire, on a vu se produire des phénomènes étranges. De nos jours qui n'a entendu parler des merveilles du spiritisme ? Un savant, mort il y a peu de temps, M. Jobard, président de l'Académie des sciences à Bruxelles, évoquait l'esprit de Voltaire ; et à son appel l'esprit de Voltaire venait tracer sur le papier des pensées ingénieuses. J'ai vu, j'ai tenu un de ces autographes véritablement posthumes. Un de mes amis, homme grave, ni mystique, ni porté à croire légèrement, possède une histoire manuscrite, tracée sous ses yeux par un crayon enfilé dans une planchette, crayon mis en mouvement par l'esprit d'une jeune fille morte en 1793, dans ces effroyables supplices que Carrier appelait les mariages républicains.

Que répondre à des hommes de bonne foi qui vous affirment sérieusement avoir été témoins de ces faits surnaturels ? Se moquer, c'est le propre des petits esprits ; tout admettre sans examen, c'est le propre des sots. Le plus sage est de s'en tenir au doute philosophique, lequel n'est pas le scepticisme, mais la réserve d'un homme qui suspend son jugement jusqu'à plus ample information.

J'ignore si, à l'époque où se passe notre histoire, les philosophes de l'Allemagne, qui ont toujours eu l'avance sur les nôtres, s'occupaient des manifestations spirites; mais, quand on connaît la constance des habitudes de Kant, on est porté à croire que, si son esprit a pu revenir sur la terre, ce n'est pas dans une table ou dans une planchette qu'il a dû se loger, mais bien dans la perruque où, pendant de longues années, sa tête vénérable avait trouvé un nid si doux, si chaud et si commode.

Ne soyons donc pas surpris de l'insistance que met le jeune professeur à s'assurer la possession de la perruque.

Mais comment s'en emparer sans user de violence envers le père de sa fiancée? Une pensée traverse tout à coup son esprit. Il se penche vers Carlotta pour la lui communiquer, et lui parle si bas, si bas, que je n'entends plus rien. Je vois seulement Carlotta faire un geste énergique de refus; puis elle semble implorer son amant; enfin elle détourne la tête pour cacher les larmes qui coulent de ses yeux. Ne comprenant rien à cette pantomime, je me retourne de l'autre côté pour voir ce qui s'y passe.

XI

La leçon de botanique.

A l'autre bout du banc nous avons une scène d'un genre tout différent. D'abord les deux amants se montrent fort embarrassés. Ludwig se trouble et balbutie quelques mots sans suite. Black, son chien, vient heureusement à son aide. Il pose sa tête intelligente sur les genoux de Roseline. L'étudiant craint que cette familiarité ne déplaise à la jeune fille et veut le renvoyer ; mais elle s'y oppose, et caresse d'une main timide les oreilles soyeuses de l'affectueux animal. Cependant Black tenait ses regards fixés sur les yeux de son maître, puis il les dirigeait sur la jeune fille, établissant ainsi de l'un à l'autre une sorte de communication sympathique. Quand ses regards allaient de la jeune fille à l'étudiant, celui-ci se sentait pénétré d'une émotion délicieuse ; et quand, tout chargés du feu qu'ils avaient puisé dans les yeux de Ludwig, ils se reportaient vers Roseline, celle-ci se sentait agitée d'un léger frémissement.

Ludwig tira de sa boîte toute une moisson de fleurs. Il y avait des ancolies, dont les pétales représentent de petites urnes, où les abeilles viennent recueillir la goutte de miel que la Providence y a mise pour elles ; des aspérules, jolies petites plantes à odeur suave, dont on se sert pour parfumer le vin du Rhin ; des myosotis de montagne, aux corolles mignonnes, et dont les feuilles toutes velues ressemblent à des oreilles de souris. Et à cette occasion Ludwig faisait remarquer à Roseline que la nature, bonne mère, donne un vêtement aux fleurs qui croissent dans des lieux élevés et exposés au vent, tandis que celles qui naissent dans les vallées ont la tige et les feuilles lisses.

Il y avait aussi de blanches marguerites. Cette fleur, dit Ludwig, que les botanistes appellent le chrysanthème des prés, et que nous nommons vulgairement la *toute-belle*, les Français lui ont donné le nom gracieux de Marguerite, l'aimable et spirituelle sœur de François Ier. Quand ce roi, trahi par le sort des armes à Pavie, devint le prisonnier de Charles-Quint, Marguerite se rendit à Madrid. Elle parvint à persuader à Éléonor, sœur de l'Empereur, que François Ier était éperdûment amoureux d'elle. Pour lui en donner une preuve irrécusable, elle l'engagea à effeuiller une de ces fleurs, et à

prononcer, en détachant l'un après l'autre les
pétales du disque, un de ces mots : il m'aime
— un peu — beaucoup — passionnément —
pas du tout. L'épreuve plusieurs fois répétée
eut un plein succès : toujours le dernier pétale
arraché correspondait au mot, passionnément.
Charmée d'être ainsi l'objet de l'amour d'un
prince renommé dans le monde entier pour sa
bravoure et ses sentiments chevaleresques,
Éléonor qui, au dire des historiens, n'avait pas
plus de malice qu'une colombe, n'en mit pas
moins en usage toute la diplomatie féminine
pour adoucir l'humeur rancunière et jalouse de
son frère. Le jour même où François Ier sortit
de sa prison, il épousa la sœur de l'Empereur;
mais les chroniqueurs nous font connaître qu'un
mariage secret unissait déjà la princesse et le
Roi de France. Il avait été célébré par l'aumô-
nier des prisons, que l'ingénieuse tendresse de
Marguerite avait su mettre dans les intérêts des

deux amants. C'est en mémoire de cette heureuse négociation que les Français ont donné le nom de Marguerite à la blanche fleur des prés. Pour les jeunes filles de cette contrée elle est encore un oracle. En l'effeuillant et en prononçant les mots que la sœur de François Ier avait enseignés à la princesse Éléonor, elles apprennent si elles sont véritablement aimées. Ne voulez-vous pas aussi consulter l'oracle ?

Oh ! non, dit Roseline, nous ne sommes pas en France ; il pourrait être trompeur.

Je n'en crois rien ; prenez cette fleur, voyez comme elle a l'air candide. Elle ne demande pas mieux que de vous dire la bonne aventure.

Roseline prit la fleur que Ludwig lui présentait et se mit à l'effeuiller. La petite rusée fit si bien que le dernier pétale tomba avec le mot : *pas du tout*.

Ludwig se récria contre la supercherie ; il fallut recommencer.

Laissons ces aimables enfants composer à deux cette idylle si vieille et si jeune. Il ne peut convenir à ma gravité philosophique de raconter ces adorables niaiseries du premier amour; elles perdraient d'ailleurs sous ma plume la fraîcheur et la grâce qui en font le charme.

Permettez-moi, ma chère lectrice, de diriger votre attention vers un autre point. J'ai un acte d'accusation à formuler contre les savants de notre époque. En parlant d'eux, je n'ai pas besoin d'adoucir le timbre de ma voix, pour essayer de retrouver les accents de la jeunesse.

La botanique devrait être la plus attrayante des sciences. D'où vient qu'elle en est devenue la plus sèche et la plus rebutante? Hélas! madame, les savants ont fait tout le mal.

La botanique, c'est le jardin de Dieu; jardin délicieux, plein de lumière, de couleurs et de parfums, arrosé par de beaux fleuves et par de clairs ruisseaux. On y marche sur la mousse, ou sur de frais tapis de gazon. Partout des fleurs, sous vos pieds comme au-dessus de votre tête. Remarquez pourtant ceci : les fleurs qui naissent sur les grands arbres de nos contrées sont généralement inodores et sans éclat, tandis que les plus belles et les plus odorantes croissent sur des tiges peu élevées. En les plaçant ainsi à la portée de votre main, la Providence a voulu, madame, vous inviter à les admirer, à les respirer, à les cueillir, et aussi à les étudier.

Oui, la Providence le voulait; mais les savants sont venus dire : Ce jardin est à nous. Aussitôt l'entourant d'un fossé large et profond, ils ont élevé sur le revers une barricade, au pied de laquelle ils ont pris soin de semer, en guise de chausse-trapes, toutes sortes de barbarismes épineux. Une seule porte est restée ouverte; la garde en est confiée à deux effroyables dragons qui vous crachent à la face un *qui vive* dans une langue inconnue. Comme vous ne pouvez pas leur répondre, retirez-vous, madame ; on n'entre pas.

Messieurs les savants, qui connaissent le mot de passe, ont seuls accès en ce beau lieu. Ils y ont longtemps parlé latin, mais un latin que Cicéron aurait eu quelque peine à comprendre. De nos jours ils y parlent grec. Et quel grec ! Les dames de la halle, dans Athènes, eussent bien ri, si l'on se fût avisé de parler ce grec-là devant elles.

Ce n'est pas qu'ils ne daignent parfois songer à nous, qui sommes réduits à rôder autour de la formidable enceinte. Ils poussent la condescendance jusqu'à écrire des flores françaises. Seulement, ils ont grand soin de ne donner aux plantes que des noms grecs ou latins.

Les auteurs de livres sur le jardinage n'ont pas manqué de suivre un si bel exemple. J'ai connu un honnête mercier de la rue Saint-Denis qui, en se retirant du commerce, avait acheté une jolie maison de campagne aux environs de Paris. Le seul livre qu'il emporta fut le Bon Jardinier. Comme Panurge, mon homme se sentait possédé du désir d'aller planter ses choux. Il ouvrit son livre au mot *chou*, et fut renvoyé à *brassica*. Brassica! le mot le dégoûta de la chose. Il voulut se rejeter sur la culture des fleurs. Sa femme affectionnait les Reines-Marguerites ; il chercha dans le Bon Jardinier à quelle époque il devait les semer, et trouva : Reine-Marguerite, voyez *Callistéphus*.

Callistéphus ! c'est un bien singulier nom, n'est-ce pas, madame ? C'est du grec, je vous en préviens ; non pas du grec pur : aucun mot de la langue harmonieuse d'Homère et de Platon ne reçoit cette barbare désinence en *us*. C'est de ce grec dont je vous parlais tout à l'heure, de ce grec monté en graine, et à l'usage exclusif des savants.

Linné avait donné à la Reine-Marguerite le nom scientifique d'*Aster de la Chine*. Aster est un mot latin, assez rapproché du français pour qu'il puisse être compris sans effort. Voilà pourquoi sans doute on l'a métamorphosé en ce vilain Callistéphus.

Il est bon de vous dire, madame, que de temps en temps les savants éprouvent le besoin de changer le nom des plantes. La glycine et la gloxinie sont deux jolies fleurs introduites en Europe, depuis un petit nombre d'années. Leurs noms sonnaient bien à l'oreille. Par malheur, on a déjà jugé à propos de les remplacer. Souvenez-vous, madame, que vous devez appeler la première de ces plantes la *Wistéria*, la seconde la *Ligéria*. Vous aimiez sans doute mieux leurs premiers noms. J'avoue que je suis complètement de votre avis.

Ne multipliez pas les êtres, disaient autrefois les philosophes; Buffon ne cessait de répéter aux naturalistes : Ne multipliez pas les noms sans nécessité. Vous voyez que ces sages conseils n'ont guère été suivis.

Cette déplorable manie de changement a fait naître une science nouvelle, la *Synonymie*, c'est-à-dire la concordance de tous les noms successivement donnés à la même plante : science de mots et non d'idées, mais absolument indispensable à qui veut se reconnaître dans cette confusion.

C'est une nouvelle défense placée en avant de la première, autour du beau jardin.

Que faudrait-il pour renverser toutes ces barrières, et pour rendre, comme le voulait Platon, la science accessible à tous? Bien peu de chose. Qu'un amant écrive pour sa maîtresse un traité de botanique, et je réponds que tous ces retranchements tomberont d'eux-mêmes.

Quel beau livre ce serait! Comme l'étude y serait rendue facile et engageante! Comme les mots seraient bien choisis, les définitions simples, les descriptions riantes! Les amours des plantes, les mystères de la fécondation y seraient retracés d'un pinceau fidèle, mais délicat, chaste et plein d'innocence. Les airs de famille, les affinités des fleurs indiqueraient bien leurs degrés de parenté, leurs alliances, leurs rapports de bon voisinage. Les relations de la plante avec l'insecte, avec l'oiseau, avec le mammifère, avec l'homme lui-même, n'y seraient point omises. Les couleurs, les parfums, les saveurs, — dont la botanique officielle ne s'occupe pas, — ont une signification mystérieuse qui reste à découvrir. Tout n'est-il pas symbole dans la nature? Ces sujets aimables de recherches et d'études attrayantes seraient recommandés à l'écolière. La poésie verserait sa fertilisante rosée sur tous les détails de la méthode. La philosophie y puiserait plus d'un enseignement : chaque feuille, en tombant, met à découvert un bourgeon qui deviendra branche ou fruit ; et c'est dans le développement séculaire d'un arbre que se trouve l'explication la plus claire du développement collectif de l'humanité. Les chênes sont nos précepteurs, a dit saint Bernard. Enfin, dans tout le livre, on respirerait un air imprégné d'une senteur vivifiante, un calme doux, en harmonie avec la nature des végétaux. Et presque à chaque page le cœur se sentirait élevé, d'un pur élan, vers Celui qui sur la plus petite herbe fait éclater sa grandeur, sa sagesse et sa bonté.

Notre jeune ami Ludwig était bien digne d'écrire ce livre. Par malheur, il ne put donner à Roseline qu'une seule leçon de botanique. Le traité reste donc à faire. Je doute qu'on l'entreprenne en France : les mariages y sont si vite conclus que les futurs ont à peine le temps de se connaître. Mais en Allemagne, où l'on est admis à faire la cour à sa fiancée, deux ou trois ans avant de l'épouser, un bon jeune homme pourrait encore l'écrire.

Puisse ce vœu être entendu de l'autre côté du Rhin ! Si jamais l'ouvrage est publié, je solliciterai, comme une faveur, la permission de le traduire.

Nous avons laissé Ludwig et Roseline absorbés dans leur poétique et innocent badinage. Tout à coup Christian donna le signal de la retraite. Sa voix les fit tressaillir. L'amour avait créé une solitude autour des deux amants ; pour eux le monde extérieur n'existait plus.

Dans leur trouble, ils ne remarquèrent pas que Carlotta avait les yeux rouges, et que Christian paraissait soucieux.

Des plus jolies fleurs dont il s'était servi pour sa leçon Ludwig ayant fait deux bouquets, offrit le plus gros à Carlotta, et le plus mignon à Roseline. Il accompagna les deux cousines jusqu'à la sortie de la promenade, puis y rentra. Il avait hâte de se trouver seul, pour se livrer sans contrainte à l'explosion de sa joie.

XII

Au feu!

La journée du lendemain se passa d'une manière bien différente pour les deux cousines.

Roseline était gaie, souriante, heureuse. Elle avait mis à sa ceinture le petit bouquet que Ludwig lui avait donné la veille. Elle passa une partie de la matinée à son clavecin, ne craignant pas d'en jouer et de chanter, bien que la fenêtre fût toute grande ouverte.

Carlotta au contraire se montrait inquiète, soucieuse, mécontente. Le moindre bruit la faisait tressaillir. Obéirait-elle à Christian? Elle n'y était pas encore bien résolue. Vingt fois elle monta à la chambre de Roseline, prête à lui ouvrir son cœur et à lui demander conseil. Mais Roseline, toute préoccupée d'autres pensées, ne remarqua pas le trouble de sa cousine, et celle-ci n'osa parler. On ne se confie qu'à la personne qui pressent vos peines; on ne se réfugie que dans les bras qui s'ouvrent d'eux-mêmes; on ne pleure qu'auprès de ceux dont les paupières sont gonflées de larmes sympathiques.

Dans toute autre circonstance, Roseline eût deviné la cruelle anxiété qui agitait sa cousine. En la pressant sur son sein, elle lui aurait inspiré de la confiance; et celle-ci se fût empressée de lui faire l'aveu de son coupable dessein. Sous une frêle apparence, Roseline cachait une âme forte. En raffermissant la volonté chancelante de Carlotta, elle l'eût maintenue dans la voie droite.

Abandonnée à elle-même, Carlotta devait céder aux pernicieuses suggestions de son amant. Orpheline presque en naissant, elle n'avait pas reçu les salutaires enseignements d'une mère. Blasius, d'après ses idées sur l'infériorité de la femme, s'était peu occupé de l'éducation de sa fille. Il la voyait obéissante, d'humeur égale, entendue aux choses du ménage, et croyait que cela suffisait. Il ne s'était jamais dit que la femme doit être la compagne de l'homme, son égale conséquemment par le cœur et, sinon par son instruction, au moins par son aptitude à tout comprendre.

Quand l'éducation établit entre les époux une distance trop grande, l'union est incomplète, ou plutôt il y a un divorce intellectuel. Qu'en résulte-t-il? Le mari travaille à part; la femme, qui ne s'intéresse pas à ses travaux, ne s'occupe que de futilités ou s'absorbe dans les soins du ménage.

Mais le mari peut toujours faire l'éducation de sa compagne ; il peut la renouveler, la *créer*, disent les doctes. Je ne nie pas qu'il le puisse, mais c'est une œuvre de persévérance à laquelle il est bien rare qu'il s'astreigne.

On assure que la femme de Racine n'avait jamais lu, jamais vu représenter les chefs-d'œuvre de son mari. Le grand poëte était donc bien à plaindre. C'est sans doute à cette circonstance qu'il faut attribuer la causticité de son esprit.

Si une femme légère est un lourd fardeau pour le mari, une femme vulgaire est d'un poids plus écrasant encore.

Qu'on n'aille pas s'imaginer que je demande pour les jeunes filles une éducation métaphysique. A Dieu ne plaise qu'on les soumette à nos procédés scolastiques et qu'on les nourrisse d'abstractions! Un Kant en jupon ferait fuir tout honnête homme à l'autre bout du monde.

Mais comment la femme sera-t-elle, tantôt la sage conseillère de son mari, tantôt l'inspiratrice de ses grandes pensées, toujours la grâce et la joie du foyer, si elle n'a pas cultivé son esprit et sa raison?

Et si par malheur elle est destinée à porter, jeune encore, le deuil de l'époux, comment administrera-t-elle sa maison? Comment fera-t-elle l'éducation de ses fils?

Enfin il est mille circonstances où la femme a besoin de force, soit pour agir, soit pour résister; exercez-la donc à penser et à vouloir, afin qu'elle trouve cette force en elle-même.

« La femme, c'est le cœur de l'homme, » a dit-un de nos grands prédicateurs. O philosophes, si vous voulez que ce cœur anime vos écrits de sa chaleur vivifiante, faites-lui une large place dans votre poitrine. Mais non ; l'éducation négative est celle que vous conseillez pour la femme ; ou si vous ne la conseillez pas, c'est celle que vous donnez à vos filles.

Seriez-vous pour l'éducation des couvents, me dira-t-on peut-être ?

Pas précisément : je me range volontiers à l'opinion qu'exprimait devant moi une dame d'un grand mérite et bonne catholique. « Pour élever une jeune fille, me disait-elle, il faut être mère, au moins par le cœur. Or les religieuses ont fait vœu de renoncer à toute affection terrestre. Si elles éprouvaient un sentiment de tendresse pour leurs élèves, elles seraient obligées de s'en accuser au confessionnal. Le cœur étant le principe le plus fécond de toute activité morale, la sécheresse de cœur en éducation fait des femmes frivoles. Qu'il y ait des exceptions, qu'il y en ait même beaucoup, je suis loin de le nier ; mais tel est le résultat trop ordinaire des éducations de couvent. »

Carlotta, qui dans ses actions paraissait prompte et résolue, était d'un caractère faible ; cela se voit assez fréquemment : une personne qui tranche sur tout, cède sur tout, quand on lui résiste.

Dans l'après-midi, Carlotta reçut un billet de Christian et le cacha dans son sein, sans l'ouvrir. En préparant le dîner, elle tint plusieurs fois ce billet au-dessus du fourneau, comme pour le brûler. Elle ne put pourtant s'y décider.

Il est temps de dire ce qui causait son trouble et son agitation :

Elle avait fini par consentir à l'enlèvement. Comme Christian ne séparait pas la dot, de la fiancée, elle s'était engagée à mettre, dans le verre d'eau que son père emportait le soir quand il montait à son cabinet, une poudre narcotique, destinée à le plonger dans un sommeil léthargique.

Dès que le vieillard en aurait ressenti les effets, les deux fugitifs devaient entrer dans le cabinet, enlever la perruque, quitter la maison, et gagner la chaise de poste qui les attendrait sur le quai.

Avant de se rendre, avant de promettre qu'elle accomplirait cette action criminelle, Carlotta avait bien pleuré ; mais le jeune homme était éloquent : abusant de son ascendant sur l'esprit faible de la jeune fille, il avait arraché son consentement.

Voilà ce qui tourmentait Carlotta ; voilà ce qu'elle aurait confié à Roseline, si celle-ci, devinant les angoisses de sa pauvre cousine, se fût montrée disposée à entendre l'aveu de ses souffrances morales et de sa honte.

Le billet que Carlotta avait reçu de Christian, contenait le narcotique.

Aux approches de la nuit, ses perplexités redoublèrent. Elle céda enfin, à la manière des esprits faibles : elle ne mit dans le verre d'eau que la moitié de la poudre.

La nuit venue, Blasius prit sa bougie et son verre d'eau; il se retirait ce jour-là de meilleure heure que de coutume, voulant finir, dût-il prolonger sa veille au-delà de minuit, la première partie de son grand ouvrage. Quand, en lui souhaitant le bonsoir, il déposa un baiser sur le front de sa fille, celle-ci se sentit défaillir. Roseline, qui se trouvait près d'elle, la soutint dans ses bras. Carlotta se mit à fondre en larmes, mais elle cacha à sa cousine la cause de son chagrin : l'instant des confidences était passé. Elle lui dit seulement qu'elle éprouvait une crise nerveuse, et qu'elle avait besoin de repos.

Elles se retirèrent chacune dans leur chambre; mais ni l'une ni l'autre ne se mirent au lit.

La ville d'Heidelberg, resserrée entre le Neckar et le pied de la montagne, n'a que deux rues principales, dans le sens de sa longueur. Dans ces deux rues se concentre tout le mouvement : là se trouvent les hôtels, les cafés fréquentés par les étudiants, les librairies et les boutiques de commerçants. Les petites rues qui, comme celle des Trois-Rois, coupent les deux premières à angle droit et descendent vers la rivière, ne sont habitées que par des rentiers et des artisans, gens paisibles et habitués à se retirer de bonne heure. La circulation, qui pendant le jour est peu active dans ces rues, y cesse entièrement à la tombée de la nuit.

A dix heures, Christian vint gratter à la porte de la maison du docteur. Une chaise de poste stationnait au bas de la rue, près du quai. Carlotta lui ouvrit. A la lueur de la bougie qu'elle portait, Christian remarqua sa pâleur;

et par le tremblement de sa main il put juger de l'agitation de son esprit. — Je ne pars pas, je ne pars pas, lui dit-elle d'une voix étouffée. Je ne veux pas réduire au désespoir mon père, qui s'est toujours montré si bon pour moi.

Christian la prit par la main et l'entraîna vers l'escalier. Du courage, ma chère Carlotta, dit-il à voix basse. J'aime votre père autant que vous. La tentative que je fais pour l'amener à consentir à notre mariage, est dans son propre intérêt. Il le comprendra bientôt. La gloire que je brûle d'acquérir sera sa gloire, et notre bonheur sera son bonheur.

Ils montèrent l'escalier en silence. Avant d'ouvrir la porte, Christian regarda par le trou de la serrure.

Blasius, dont la tête était couverte de la perruque de Kant, luttait contre le sommeil. La dose du narcotique avait été trop faible pour anéantir tout-à-coup ses facultés, mais elle ralentissait le cours de son sang et alourdissait ses idées. Le philosophe employait toute son énergie morale à vaincre la torpeur qui s'emparait de lui. Tantôt il passait à plusieurs reprises la main sur son front, comme pour chasser le brouillard qui pesait sur sa pensée ; tantôt il allongeait les bras, et secouait toute sa personne, pour entretenir l'activité défaillante. De moment en moment, sa tête appesantie tombait d'un mouvement brusque sur sa poitrine. La secousse le réveillait : il cherchait à rappeler ses idées, mais l'engourdissement l'envahissait de nouveau.

L'œil appliqué à la serrure, Christian attendait que le vieillard fût tout à fait endormi. Soudain il poussa un cri perçant et ouvrit brusquement la porte du cabinet.

Un grand malheur venait d'arriver. Dans ses vacillations désordonnées, la tête du docteur s'était approchée de la bougie qui brûlait sur le bureau, et le feu avait pris à la perruque. Comme, par suite de la coupable industrie de Péters, la plupart des boucles de cheveux avaient été remplacées par des mèches d'étoupe, en un instant toute la coiffure fut en flammes.

Au cri poussé par Christian, trois nouveaux personnages parurent dans la chambre. C'étaient Ludwig, Péters et Roseline.

Au moment où ils entrèrent, Carlotta se brûlait les doigts, sans pouvoir éteindre le feu ; Christian, tout abêti, restait debout sur le seuil. Le docteur, à demi réveillé, poussait des cris déchirants.

Ludwig eut la présence d'esprit d'ôter vivement son habit et de le lancer sur la tête du docteur. Il éteignit ainsi la flamme ; puis Péters enleva la perruque et la jeta sur le plancher où elle acheva de se consumer.

Une mèche d'étoupe, détachée de la perruque, brûlait sur le bureau et allait communiquer le feu au manuscrit. Roseline s'en aperçut et la fit tomber à terre.

Il nous reste à expliquer comment Ludwig, Péters et Roseline s'étaient trouvés là, au moment de l'accident.

On sait que cette dernière ne s'était pas couchée. Inquiète sur la santé de sa cousine, et entendant du bruit dans la maison, elle avait entr'ouvert la porte de sa chambre et prêtait l'oreille.

Ludwig, venu pour chanter quelques romances sous les fenêtres de Roseline, avait vu Christian se glisser dans l'ombre. Intrigué par cette soudaine apparition, il était entré dans la maison, dont celui-ci n'avait pas fermé la porte ; et il s'était arrêté au pied de l'escalier.

Une pensée d'amour avait aussi amené Péters. Le lendemain était le jour anniversaire de la naissance de Carlotta : désirant placer sur sa fenêtre un pot de géranium en fleurs, il s'était muni d'une petite échelle et avait pris le chemin de la rue des Trois-Rois. Lui aussi, il avait trouvé la porte ouverte, et craignant que des voleurs ne se fussent introduits dans la maison, il y était entré.

XIII

Repentir.

En voyant son mariage flambé comme la perruque, le lâche Christian s'enfuit. Il monta dans la chaise de poste qui l'attendait au bas de la rue, et ne remit plus le pied dans Heidelberg.

Péters et Ludwig portèrent le vieillard dans sa chambre ; ils le deshabillèrent et le mirent au lit. Puis Ludwig courut avertir un médecin, professeur à l'Université.

Celui-ci vint en toute hâte. Il trouva le malade dans l'état le plus alarmant. Le peu de cheveux qui lui restaient, étaient consumés, ainsi que les sourcils. Le malheureux poussait de sourds gémissements, mais ne répondait rien aux questions qu'on lui adressait : à l'immobilité de ses traits, il était évident qu'il ne les entendait pas.

Le médecin prescrivit un remède alors usité en Allemagne, et dont j'ai eu occasion de reconnaître les bons effets. C'était d'appliquer, sur toute la partie atteinte par la brûlure, de la pulpe de pommes de terre râpées. Péters alla en toute hâte chercher à la cave le panier aux légumes, et se mit à râper les pommes de terre, aidé de Carlotta, de Ludwig, et même de Roseline, qui était rentrée dans la chambre du docteur avec le médecin.

L'application de cette pulpe fraîche et froide sur le crâne du malade lui procura beaucoup de soulagement : ses traits contractés se détendirent. On lui entoura la tête d'un mouchoir sur lequel on avait mis une nouvelle couche de râpure. Le médecin se retira, ne prescrivant rien qu'une boisson rafraîchissante.

Ludwig voulait passer la nuit auprès du malade, mais Péters réclama ce droit pour lui-même. Ludwig sortit donc avec le médecin ; et Roseline, vers minuit, se retira dans sa chambre.

Près du lit où gisait le malheureux Blasius, il ne resta que les deux coupables.

Péters, bourrelé de remords, s'accusait intérieurement d'être la cause de tout le mal. Des boucles de cheveux eussent roussi, sans donner de flamme ; mais l'étoupe s'était allumée rapidement.

La malheureuse Carlotta était encore plus tourmentée par sa conscience. Elle passa toute la nuit, agenouillée au pied du lit, la tête appuyée sur la couverture, et ne cessant de sangloter. Vainement Péters, qui ne comprenait pas la véritable cause de cette douleur, essayait de lui adresser quelques consolations. Rien ne pouvait adoucir les angoisses et les terreurs de la fille coupable. Elle se reprochait d'avoir empoisonné son père et de le faire mourir dans les plus cruelles tortures. Parfois elle cachait sa tête dans ses mains; parfois elle se tordait les bras : elle était pour elle-même un objet d'horreur. Elle eût voulu prier, et ne le pouvait pas.

D'heure en heure, Péters soulevait le malade, en le prenant sous les bras et en évitant de toucher à la tête. Carlotta trouvait alors la force de se lever, et présentait aux lèvres du patient une tasse de la boisson prescrite par le médecin. Le vieillard en avalait quelques gorgées, sans ouvrir les yeux; puis il retombait dans son état de prostration, poussant de temps en temps un gémissement étouffé, qui brisait le cœur de sa fille.

Souvent elle saisissait d'un mouvement convulsif une des mains de son bien-aimé père, et la couvrait de ses baisers et de ses larmes. Mais la main restait inerte, sans qu'une pression affectueuse rassurât la pauvre fille.

Le lendemain, au point du jour, le médecin revint. Il leva l'appareil qui couvrait la blessure; après un examen attentif, il reconnut que la brûlure n'était que superficielle, et déclara que le professeur n'était pas en danger. Seulement il exprima la crainte que les facultés mentales ne fussent atteintes profondément.

En effet, les paupières du malade s'étaient relevées au moment où on lui avait découvert la tête; et, dans ses yeux fixes et ternes, la lumière de l'intelligence paraissait entièrement éteinte.

Tout ce qui agit puissamment sur le cerveau, tant au physique qu'au moral, peut amener la folie. Les philosophes, chez lesquels cet organe se trouve dans un état permanent de surexcitation, sont naturellement disposés à cette affection. Il suffit du moindre accident pour déterminer l'accès.

Péters obtint de se faire remplacer temporairement à l'Université, afin de consacrer tous ses soins au vieillard. Nous devons dire qu'il se conduisit comme le fils le plus tendre. L'amour qu'il portait à Carlotta ne fut pour rien dans sa manière d'agir. Il avait bon cœur, et sans les perfides excitations de Neidisch, il ne se serait jamais écarté du droit chemin. Maintenant il reconnaissait toute l'étendue de sa faute, aux funestes conséquences qu'elle avait produites, et il avait résolu de consacrer sa vie entière à l'expier.

La blessure se guérit, la raison ne revint

pas. Le malheureux Blasius était devenu fou ; non qu'il dît ou fît des extravagances, mais chez lui il y avait absence complète de volonté, même de pensée. Là, où on le mettait, il restait, ne témoignant jamais le désir de changer de place, ni même d'attitude. On l'eût laissé mourir de faim, qu'il n'aurait rien demandé.

Péters dut bientôt reprendre ses fonctions à l'Université ; mais les instants qu'elles lui laissaient libres, il venait les passer près du pauvre aliéné. C'est lui qui le levait, le couchait, et lui rendait tous les soins qui eussent été au-dessus des forces de la jeune fille.

Carlotta était vivement touchée du dévouement de Péters. La fuite de Christian au moment de l'affreuse catastrophe lui avait révélé la bassesse d'âme de cet homme ; et le mépris n'avait pas tardé à remplacer l'affection qu'elle avait éprouvée pour lui. Elle comprenait que, dans les calculs de cet ambitieux de bas étage, elle n'avait été qu'une sorte d'accessoire obligé, et que la perruque de Kant était l'objet principal de ses instantes poursuites. La pauvre Carlotta frémissait à l'idée du sort qui l'eût attendue, si le mariage se fût réalisé.

Au contraire, les soins constants que Péters prodiguait au bon vieillard, sa fidélité au malheur, les larmes qu'il versait quand il la voyait pleurer, et son amour respectueux, la remuaient profondément.

La vanité, cette mauvaise conseillère, qui ne manque jamais de dire son mot, murmurait bien à l'oreille de la jeune fille que Péters n'était qu'un subalterne à l'Université. La raison répondait qu'il faut estimer les hommes d'après leurs qualités morales, et non d'après le rang qu'ils occupent dans le monde. Qu'importe qu'un mari soit savant et illustre, si en lui l'orgueil, étouffant la pitié, l'empêche d'être bon pour sa femme, bon pour ses enfants, compatissant pour ceux qui souffrent?

Puis Carlotta se demandait ce qu'elle serait devenue, si Péters l'eût abandonnée, et surtout ce que fût devenu le pauvre insensé, que son infirmité lui rendait de jour en jour plus cher.

Insensiblement le cœur de la jeune fille s'ouvrait à un sentiment tendre, mélange de reconnaissance et d'amour.

Le recteur fit examiner le malade par trois médecins. Le résultat de la consultation fut que le cas était incurable. On liquida la pension de Blasius, qui fut remplacé dans sa chaire de philosophie.

Six mois plus tard, Péters épousa Carlotta. Cette union, qui en toute autre circonstance eût paru disproportionnée, ne surprit et ne scandalisa personne. Péters, par les soins assidus et dévoués qu'il avait donnés au vieux docteur, était en quelque sorte devenu un des membres de sa famille. Le recteur et le remplaçant de Blasius à l'Université voulurent être les témoins de Carlotta, à la célébration du mariage. Ludwig fut un des témoins de Péters.

Le malencontreux trafic des mèches de la perruque avait valu à ce dernier une douzaine de mille francs. En y joignant ses propres économies, il acheta, au nom du vieillard, une maison de campagne sur la rive droite du Neckar, en face d'Heidelberg. Là, le pauvre malade passait ses journées, assis, tantôt sur un banc aux rayons vivifiants du soleil, tantôt à l'ombre, sous un berceau, quand la chaleur devenait trop vive. L'hiver, on le plaçait dans un fauteuil auprès de la fenêtre. De là, ses yeux pouvaient errer sur la montagne au pied de laquelle la ville d'Heidelberg est située; mais rien dans ses regards ne trahissait une émotion intérieure.

Péters eut l'heureuse idée de soumettre à

l'examen du recteur le manuscrit auquel Blasius avait travaillé toutes les nuits, depuis le jour où il était devenu possesseur de la perruque de Kant. Le recteur vit que, bien qu'il fût inachevé, le traité serait de nature à intéresser le public. Il exposa, dans un avant-propos, comment l'ouvrage avait été conçu, la manière dont Blasius y travaillait, et l'accident fatal qui en avait interrompu le cours.

Le livre fut donc imprimé et publié. Il portait ce titre : *De l'Incubation des idées*. Neidisch, ce professeur qui avait entraîné Péters à manquer à ses devoirs, prétendit que l'ouvrage aurait dû être intitulé : *Les Mémoires d'une perruque*.

Ce mot, dit dans une intention méchante, fit la fortune du livre. Tout le monde en Allemagne voulut lire les *Mémoires d'une perruque*. Plusieurs éditions se succédèrent, et le produit, placé au nom du vieillard, servit à l'entourer de tout le confortable que réclamait sa position.

Le succès du livre fit blêmir Neidisch. Médiocre en tout, arrivé au professorat, parce qu'il possédait une de ces mémoires qui retiennent tout, sans rien s'assimiler, il passait parmi ses confrères pour un homme nul. Il le savait, et s'en vengeait en dénigrant ceux qui réussissaient mieux que lui.

On sait que la raillerie sceptique est l'esprit des hommes incapables de produire. Pour faire quelque chose, il faut croire. C'est la première condition : *croire* et *créer* sont deux mots sortis de la même tige féconde, comme *nier* et *néant* sont deux idées issues de la même souche pourrie.

Ce n'est pas seulement aux philosophes, aux savants, aux littérateurs, que ceci est applicable. En politique il y a aussi des partis dont la seule arme est le dénigrement. Il arrive parfois qu'une révolution les porte au pouvoir. Triomphe de courte durée ! On ne tarde pas à s'apercevoir que ces hommes, si forts quand ils se moquent des autres, sont d'une incapacité absolue, quand ils sont mis en position d'agir.

Il fallait un diplomate, c'est un danseur qu'on a choisi! disait Figaro. De nos jours, on a vu plus d'un caricaturiste transformé tout-à-coup en homme d'État. Mieux valait encore le danseur.

Les soins affectueux que Péters et Carlotta ne cessaient de prodiguer au pauvre vieillard; le bien-être dont ils le faisaient jouir; le calme de sa paisible retraite; l'éloignement de tout visiteur importun, car à l'exception de Ludwig, personne n'était admis auprès de lui; la vie au grand air, au soleil, — *le soleil, c'est la santé,* disent les Espagnols, *c'est la pensée,* disent les Allemands; — toutes ces circonstances produisirent à la longue une heureuse influence sur son esprit.

Un soir, pendant que le pauvre insensé faisait le tour du jardin, ayant une de ses mains passée sous le bras de sa fille, et de l'autre s'appuyant sur Péters, ses yeux se portèrent alternativement de lui à elle, et un doux sourire effleura ses lèvres.

Ce sourire, attendu depuis si longtemps, rendit Carlotta bien heureuse. Pour la première fois, depuis le terrible accident, elle versa des larmes d'attendrissement. C'est que, dans ce sourire, elle vit le consentement dont elle avait dû se passer pour son mariage.

Elle y vit plus encore. Ce sourire annonçait le retour prochain de la raison, comme la première lueur de l'aube annonce le jour.

La raison revint en effet, par degrés et après bien des mois. Le vieillard commença à quitter de lui-même son fauteuil. On voyait que son cerveau, si longtemps inerte, faisait un effort pour reprendre un peu d'activité.

Quelque chose l'attirait. Dans la chambre où il se tenait habituellement, était un berceau ; et dans ce berceau un gros enfant souriant. Un matin, Blasius vint s'asseoir auprès du berceau et parut heureux. Il recommença ce manége les jours suivants. Peu à peu il s'enhardit jusqu'à déposer un baiser sur le front de l'enfant, qui lui tendait les bras.

Quelques semaines plus tard, il était assis sur un banc du jardin, auprès de Carlotta qui venait d'allaiter le petit glouton. Celle-ci crut pouvoir le lui confier pour un instant. Il eût fallu voir avec quelle précaution un peu gauche, et en même temps avec quel orgueil, le bon vieillard tenait l'enfant sur ses genoux.

Bientôt il se mit à s'occuper des fleurs du jardin. L'exercice que ces soins nécessitaient, la liberté entière qu'on lui laissait de tout arranger et déranger à sa guise, contribuèrent à sa guérison. Elle ne fut pourtant complète qu'après plusieurs années.

Un grand changement s'était fait dans son esprit. Il ne parlait jamais ni de philosophie, ni de l'Université. Il semblait avoir oublié le passé. Il ignora toujours que son traité sur *L'incubation des idées* eût été publié.

Au surplus, l'abandon des anciennes occupations et un penchant décidé pour s'en créer de nouvelles se remarquent chez tous les aliénés qui guérissent. C'est un bienfait de la sage nature : des organes longtemps irrités et affaiblis, ne peuvent être, sans danger, soumis à une nouvelle excitation du même genre : l'activité intellectuelle se porte d'elle-même sur d'autres objets.

Blasius devint un habile jardinier, et se livra particulièrement à la culture des roses trémières. Une des plus belles variétés de cette plante porte encore son nom dans le catalogue des fleuristes.

Blasius n'est pas le seul philosophe qui ait fini par préférer la culture des fleurs à la métaphysique. Quand on a longtemps creusé les profondeurs de la pensée, qui trop souvent hélas! ne sont que les abîmes du doute, l'esprit fatigué de tant d'inquiètes investigations se repose volontiers dans la contemplation de la nature. On y découvre une source abondante de vérités et de jouissances qu'on n'y soupçonnait pas. Les sens sont ranimés par des impressions nouvelles; les heures, les jours, les années s'écoulent sans trouble et sans ennui. Et la poésie, ce parfum du bonheur, s'exhale de la corolle des fleurs auxquelles on donne ses soins, aussi bien et mieux que des plus beaux recueils de vers.

Quant à la philosophie, à la vraie, à celle qui nous met en rapport avec la nature et avec son divin Auteur, rien ne peut mieux nous la faire comprendre que les occupations champêtres. La vie rurale, a dit Columelle, est sœur consanguine de la sagesse. Les anciens moines, ces travailleurs infatigables qui ont défriché l'Europe, le savaient bien, et l'ont prouvé.

Bernardin de Saint-Pierre a cité deux fois, dans ses ouvrages, une anecdote qui vient ici tellement à propos, que je ne puis me refuser le plaisir de la transcrire.

« Un jour, dit-il, un de mes amis fut voir un chartreux. C'était au mois de mai. Le jardin du solitaire était couvert de fleurs, dans les plates-bandes et sur les espaliers. Pour lui, il s'était renfermé dans sa chambre où l'on ne voyait goutte. — Pourquoi, lui dit mon ami, avez-vous fermé les volets ? — C'est, lui répondit le chartreux, afin de méditer sans distraction sur les attributs de Dieu. — Eh, pensez-vous, reprit mon ami, en trouver de plus grands dans votre tête que ne vous en montre la nature au mois de mai? Croyez-moi, ouvrez vos volets et fermez votre imagination. »

Hélas! il faut bien le reconnaître, la plupart des philosophes de tous les temps ressemblent à ce chartreux. Ils ont grand soin de fermer leurs volets.

Voltaire est peut-être le seul qui, tout en dirigeant du fond de sa retraite, avec l'ardeur fiévreuse et désordonnée qui le caractérisait, le mouvement littéraire et philosophique de son époque, ait encore trouvé le temps de dessécher des marais, de planter, d'essayer des cultures nouvelles, de propager la charrue à semoir, de s'occuper de ses chevaux, de ses vaches, de ses brebis, de ses dindons, et de ses lapins qui l'amusaient fort, quand ils se passaient la patte sur le nez. Il fut malade toute une semaine, parce que madame Denis, sa nièce, avait fait tuer et accommoder à la crapaudine deux beaux pigeons blancs qu'il avait reçus en don d'une brave paysanne. Il se détournait, dans ses promenades, pour aller caresser ses bœufs qui, bonnes bêtes, le regardaient avec amitié et lui faisaient des mines. Le premier, il affranchit ses arbres fruitiers des horribles mutilations que leur faisait subir l'école de La Quintinie, et les soumit à la taille en quenouille ; car il était à la fois laboureur, vigneron et jardinier.

Quand la France ne lui devrait que l'introduction du trèfle rouge, il faudrait le compter au nombre des hommes qui ont bien mérité de la patrie, suivant cette belle maxime orientale, qu'il se plaisait à répéter : « Celui qui fait croître deux brins d'herbe où il n'en croissait qu'un, rend service à l'État. »

XIV

Un nid d'hirondelle.

J'ai omis de dire que deux traductions de l'ouvrage de Blasius sur l'*Incubation des idées* avaient paru, l'une en Danemarck, l'autre en Écosse. Le neveu de l'abbé Bazin en fit une traduction française; mais aucun libraire ne voulut en être l'éditeur. Le neveu de l'abbé Bazin étant mort insolvable, en l'année 1842, dans une mansarde de la rue des Grès, je pensai que ses manuscrits avaient dû être vendus à la bibliothèque Sainte-Geneviève. Ma conjecture était juste. Après bien des recherches faites avec une extrême obligeance par M. Taunay, un des bibliothécaires à la section des manuscrits, la traduction inédite que je désirais connaître, m'a été communiquée.

Je n'entreprendrai point d'en faire ici l'analyse ; c'est un de ces ouvrages de philosophie spéculative pesamment écrits, pesamment traduits, et d'une digestion tant soit peu difficile. Le neveu de l'abbé Bazin, qui dans d'autres circonstances a écrit d'un style si naturel et si lucide, a subi l'influence soporifère de l'auteur dont il reproduisait l'œuvre.

Je ne veux pas dire qu'il n'y ait pas çà et là des idées ingénieuses, mais il faut les dégager des brumes d'une métaphysique bizarre et embarrassée.

Par exemple, l'auteur recherche quelles peuvent être les idées qui germent dans le cerveau de l'enfant, quand il est encore dans le sein de sa mère. Il a des idées, dit-il ; et la preuve c'est qu'il sait très-bien, au moment précis, exécuter une difficile culbute pour s'ouvrir, la tête en avant, le passage qui doit l'amener à la lumière. — C'est un fait d'instinct, dira-t-on. — Oui, répond Blasius qui a prévu l'objection ; mais un acte instinctif, pour être involontaire, n'en est pas moins le résultat d'une idée. La *volonté* et la *pensée* sont choses distinctes.

Le philosophe examine ensuite quelles sont les idées de l'enfant, quand il a changé de milieu, et que pour la première fois l'air, pénétrant dans sa poitrine, met en jeu le double soufflet des poumons ; puis quand, saisissant le bouton de rose qui couronne le sein maternel, il parvient à aspirer, par une opération très-compliquée, le tiède et parfumé breuvage que, le jour même où il lui a plu de faire son entrée dans le monde, la bonne Providence, sa seconde mère, y a distillé à son intention. Ses sens, qui ne sont pas éveillés, ne le mettent pas encore en rapport avec le monde extérieur ; cependant il a certainement des idées. La *sensation* et *l'intelligence* sont deux choses distinctes, dit notre auteur, qui consacre plusieurs chapitres malheureusement bien lourds à combattre les doctrines de Locke et de Condillac.

Blasius fait ensuite une analyse assez fine des idées complexes que se forme l'enfant, quand les sens se mettent au service de sa jeune intelligence. Et il montre assez bien comment, à mesure que se développent simultanément la force physique et la force psychique, on voit naître dans l'esprit de l'enfant *l'attention* qui fixe les perceptions, la *mémoire* qui les conserve, le *jugement* qui compare, et la *volonté* qui prend des déterminations.

Puis le philosophe se demande d'où nous

viennent les idées morales, c'est à dire les idées de vérité, de justice, de charité ? Elles ne peuvent être considérées comme inhérentes à la nature humaine, répond-il : elles sont, dans nos âmes, un pur rayon de la splendeur divine.

Vient ensuite une distinction entre les idées particulières, celles qui diffèrent suivant les individus ; et les idées générales, celles qui sont communes à tous.

Ces idées générales se traduisent ordinairement en dictons, en proverbes, en sentences, que tout le monde admet, que tout le monde répète. Pourtant, quand on y réfléchit, un certain nombre de ces adages semblent peu fondés. C'est, dit Blasius, tantôt parce qu'ils ont été détournés de leur sens primitif et que nous ne les comprenons plus ; tantôt parce que les circonstances sociales qui les avaient fait naître ont changé.

Il est digne d'un philosophe de rechercher

l'origine de ces proverbes, et de voir dans quel sens il convient de les interpréter, pour que la vérité qu'ils contiennent s'en dégage, et ne nous paraisse plus une erreur.

Et là-dessus Blasius raconte une petite histoire qui n'est pas sans charme, et que je vais reproduire, en laissant de côté, un long préambule métaphysique, que l'auteur a jugé à propos d'y coudre. Ce passage, écrit d'un style assez simple, contraste avec la pesanteur habituelle du livre. On sait que les Allemands excellent à conter des histoires morales et enfantines.

« Un dimanche matin et par un beau soleil de printemps, dit Blasius, j'étais allé rendre visite à mon savant confrère le docteur Rumphius, professeur d'histoire naturelle à l'Université. Je le trouvai dans son petit jardin, occupé à considérer deux hirondelles qui construisaient leur nid dans l'angle d'une des fenêtres de sa maison. Madame Rumphius et ses trois enfants prêtaient aussi beaucoup d'attention au travail de ces oiseaux. Gardez-vous bien, mes chers enfants, — dit tout à coup cette dame, — de toucher à ce nid. Il portera bonheur à notre maison. Vous avez connu Jacques, le cordonnier, dont la boutique aujourd'hui fermée fait le coin de la rue. Un jour il a abattu un nid d'hirondelle et en a écrasé les œufs sous ses pieds ; depuis ce temps le pauvre homme est tombé dans la misère et dans le mépris. Et il vient de quitter le pays, pour échapper aux poursuites de ses créanciers.

« Je n'aime pas, ajoute Blasius, que l'on fausse le jugement des enfants, et que l'on ait recours à l'erreur comme moyen, soit de les détourner de faire le mal, soit de les encourager à faire le bien. J'allais donc prendre la parole, quand le fils aîné de mon collègue me prévint et dit au docteur : Est-il vrai, père, que les malheurs de notre voisin Jacques soient venus de ce qu'il a détruit un nid d'hirondelle ?

« Oui, mon enfant, répondit le père, cela est vrai sous un certain rapport ; mais le fait a besoin d'une explication, et je vais te la donner.

« Les hommes laborieux aiment à être réveillés, dès le point du jour, par le gazouillement des hirondelles. Quant à moi, jamais je n'élève d'un cœur plus reconnaissant ma première pensée vers Dieu, que quand je suis tiré du sommeil de cette manière. Je quitte alors lestement le lit, et je me sens de bonne humeur pour toute la journée. Mais Jacques, qui depuis quelque temps s'était dérangé et qui passait au cabaret une bonne partie de ses nuits, était fâché, quand le babil matinal de ces oiseaux le troublait dans son assoupissement tardif. Voilà pourquoi il a eu la cruauté d'abattre leur nid, au moment où la femelle couvait assidûment ses œufs. L'inconduite de notre voisin a bientôt amené sa ruine ; et il n'est pas déraisonnable de dire que la bénédiction du Ciel s'est éloignée de sa maison, avec les hirondelles qu'il en a chassées d'une façon si barbare.

« Tourmenter les hirondelles est en outre une marque d'ingratitude et d'ignorance. La fidélité de cet oiseau à revenir chaque année au lieu où il a établi son nid, la confiance qu'il nous témoigne en plaçant à portée de notre main le berceau de sa petite famille, le rendent déjà digne de notre intérêt ; mais par les services qu'il nous rend, il nous paye au centuple la protection que nous lui accordons. Les insectes qui ravagent nos jardins, nos vergers, nos champs et nos pâturages, sont un des plus grands fléaux de l'agriculture. L'homme est impuissant à combattre des ennemis qui, par leur nombre et leur petitesse, échappent à ses poursuites. Mais les petits oiseaux viennent à son aide : au moment où le danger est le plus grand, le roitelet, le rouge-gorge, la mésange, la fauvette, la bergeronnette, le rossignol, le grimpereau, le coucou, et tant d'autres, se mettent en chasse. C'est l'époque où ils ont à nourrir leurs couvées, dont l'appétit est insatiable. Parmi ces utiles alliés, l'hirondelle est la plus ardente et la plus infatigable à faire bonne guerre aux innombrables légions de nos ennemis. C'est elle aussi dont le cri perçant avertit nos basses-cours de l'approche sournoise des bêtes de proie. Le soir, elle nous récrée par ses petits cris et par les courbes gracieuses qu'elle entre-croise, sans fin, dans les airs. De l'élévation ou de l'abaissement de son vol, nous tirons un présage assuré pour les changements de temps. Enfin, quand l'hirondelle nous revient aux premiers jours d'avril, elle nous annonce la belle saison ; et quand elle nous quitte au milieu de l'automne, pour se diriger vers les climats favorisés par le soleil, elle nous fait penser au grand voyage que nous ferons un jour vers la céleste patrie.

« Tu vois, mon cher enfant, combien nous avons de motifs pour accorder à l'hirondelle l'hospitalité qu'elle demande. La reconnaissance nous en fait un devoir. Oui, ta mère a raison : l'hirondelle porte bonheur à la maison qui abrite son nid.

« Ne soyons pas, non plus, ingrats envers les autres missionnaires ailés que le bon Dieu nous envoie, avec l'hirondelle, pour arrêter les ravages des insectes. Ces bons petits oiseaux aiment à se rapprocher du séjour de l'homme. C'est sur les arbres à fruits, c'est dans les charmilles et les haies de nos jardins, que la plupart d'entre eux, établissent de préférence leur domicile et placent les berceaux de leurs jeunes familles. Non-seulement ils débarrassent nos vergers et nos potagers, des chenilles qui les dévastent, mais ils nous réjouissent encore par leurs douces chansons.

« Protéger l'oiseau, ce n'est vraiment pas assez : il faut encore l'aimer. Et n'est-il pas ce qu'il y a de plus aimable au monde ? Il a la grâce et la beauté ; il a la vivacité des mouvements, soit pendant le vol, soit à terre ou sur la branche ; par son chant, il est l'âme de la solitude, l'ariette du buisson, le cantique de l'arbre, l'action de grâces du printemps. Dans les classifications des naturalistes, l'oiseau devrait occuper le premier rang, comme étant d'une nature supérieure. Il est plus détaché de la terre que les autres êtres ; sa vue est plus nette et plus étendue ; il se meut avec plus de facilité, plus de vitesse, et plus de continuité ; il parcourt de plus grands espaces, dans ses voyages, et voit par conséquent plus de choses ; son sang étant plus chaud, sa respiration plus énergique, les battements de son cœur plus accélérés, il est doué d'une plus grande vitalité ; il est plus actif, plus gai, plus ardent, plus passionné ; il est plus attaché à sa famille ; il connaît la joie et la tristesse morale. Quand Virgile veut nous montrer le grand poëte Orphée pleurant Eurydice, sa chère épouse, enlevée à son amour, il le compare au rossignol pleurant, dans le silence de la nuit, ses petits encore sans plumes, qu'un méchant lui a ravis, et remplissant de ses douloureux accents la vaste forêt. Enfin l'oiseau se montre artiste dans l'architecture de son nid, et dans les modulations de sa voix ; en sorte que si, plus que le mammifère, il s'éloigne de l'homme sous le rapport de l'organisation physique, il s'en rapproche davantage par les facultés morales, affectives et artistiques.

« Ainsi donc, mes chers enfants, protégeons

les petits oiseaux, parce qu'ils sont utiles ; aimons-les, parce qu'ils sont dignes d'être aimés. Ils ne demandent pas mieux que de se familiariser avec nous : ne trahissons pas la confiance qu'ils nous témoignent. Non-seulement leur séjour dans le voisinage de nos demeures sera une bénédiction ; mais leur amitié, qui n'est jamais trompeuse, nous fera passer de bien douces heures. Et n'oubliez pas, mes enfants, que se faire beaucoup de ces innocentes affections et de ces petits bonheurs, c'est le plus sûr moyen de trouver le bonheur véritable. »

D'après ces pages extraites du livre de Blasius, on ne sera pas surpris d'apprendre que le philosophe, revenu à la raison, protégeait les oiseaux dont les nids étaient placés dans la charmille de son jardin. Pendant toute la belle saison, il avait pour habitude de prendre, chaque matin, son infusion de tilleul sous un berceau de verdure. Tous les oiseaux du voisinage, les moineaux à leur tête, venaient continuellement se disputer les miettes de pain et les graines de chènevis qu'il mettait pour eux à l'extrémité du banc. Quand par hasard Carlotta venait s'asseoir à côté de lui, ces charmants convives commençaient par se tenir à distance ; mais Blasius recommandait à sa fille de parler bas, et de ne pas faire de mouvements brusques. Peu à peu les oiseaux se familiarisaient avec elle, et reprenaient leur repas interrompu.

XV

Dernier chapitre.

Ce n'est pas sans une certaine émotion que je vois tomber de ma plume sur le papier ces mots : *dernier chapitre.*

Quand une œuvre n'est pas écrite tout d'un trait, mais commencée, quittée, reprise, suivant l'exigence des affaires et les caprices de la fantaisie, on finit par vivre avec les personnages dont on retrace l'histoire, on s'intéresse à eux, on les aime; et quand vient le moment où il faut s'en séparer, le cœur se serre, et un soupir étouffé gonfle la poitrine.

Dans la jeunesse, quand on ouvre un livre intéressant, on court volontiers au *dernier chapitre*. En toutes choses l'impatience naturelle à cet âge voudrait finir avant d'avoir commencé.

Mais dès que les bouillonnements de cette sève exubérante se sont apaisés, quand on est arrivé à l'âge où s'établit l'équilibre harmonique des facultés et des forces, l'ardeur du désir se modère; on recule le moment de lire le *dernier chapitre*. A mesure qu'on en approche, on abrége la durée de sa lecture; on redoute l'instant où il faudra fermer le livre ami. Saint-Évremont a dit : « La sagesse a été donnée à l'homme pour l'engager à ménager ses plaisirs. » Par là, il entendait sans doute les plaisirs de l'intelligence aussi bien que les plaisirs des sens.

Heureux celui qui, arrivé au *dernier chapitre* de la vie, le parcourt d'un œil calme, et voit sans effroi le mot FIN imprimé au bas de la dernière page.

Chacun peut remarquer au surplus que, de nos jours, les terreurs superstitieuses de la mort s'affaiblissent et tendent à disparaître. J'ai eu la douleur de voir mourir quelques-uns de mes amis et plusieurs personnes de ma famille, les unes jeunes, les autres ayant atteint un âge avancé. Tous ont regardé la mort en face, sans trouble et avec douceur. Avec douceur aussi la mort les a pris par la main, et les a conduits au seuil du monde invisible.

D'où vient cette tranquillité, particulière à notre époque, au moment où va se résoudre le grand problème de la destinée humaine? Est-ce résignation philosophique et soumission aux

13.

lois immuables de la nature? Est-ce affaiblissement de la foi religieuse? J'aime mieux croire qu'à l'idée d'un juge terrible et implacable s'est substituée l'idée plus juste d'un Dieu bon et indulgent, NOTRE PÈRE, comme nous l'appelons tous les jours.

Passons.

Vers les dernières années du règne de Louis XV, le philosophe Zimmermann voyageait en France. Un dimanche, en revenant de Trianon, il vit dans le parc de Versailles un homme dont la tête était affublée d'un bois de cerf, et qui courait avec une agilité extraordinaire. Derrière lui une douzaine d'individus, faisant l'office de chiens, le poursuivaient en aboyant. Des piqueurs en habit galonné dirigeaient la chasse et criaient à pleine voix : Tayaut! tayaut! L'homme-cerf s'élança dans un de ces taillis qui bordent des deux côtés le tapis vert; les hommes-chiens s'y élancèrent après lui, laissant des lambeaux de leurs vêtements aux arbrisseaux, dont les branches souples, violemment écartées, leur cinglaient le visage. Le cerf humain déboucha à l'extrémité de la grande avenue, toujours harcelé par les limiers à deux pieds et par les piqueurs. Tayaut ! tayaut ! Il sauta dans le grand bassin ; la meute à face humaine y sauta comme lui, aux acclamations des assistants. Tayaut ! tayaut !

A la principale fenêtre du château se tenait le Roi avec madame Du Barry, et derrière eux une foule de courtisans.

Tout étonné de ce spectacle et de ce tintamare, le philosophe allemand en demanda l'explication à un homme grave, qui se trouvait là. — « Monsieur, lui répondit celui-ci d'un ton sérieux, c'est pour le divertissement du roi. »

Zimmermann, que cet étrange passe-temps ne divertissait guère, reprit sa marche vers

Paris. En vrai philosophe, il aimait à faire usage de ses jambes, sachant bien que l'homme à pied trouve vingt occasions de voir et d'entendre des choses qui échappent à l'homme enfermé dans une voiture. Il ne tarda pas à rejoindre un pauvre gentilhomme de province, qui regagnait aussi Paris pédestrement, sans doute pour ménager sa bourse. On entra en conversation et l'on parla naturellement de ce qu'on venait de voir. Il y a quinze jours, dit le gentilhomme, j'ai été témoin d'une chasse bien plus belle. Mesdames, filles du roi, avaient élevé une petite biche, devenue tellement familière qu'elle mangeait dans leurs mains. Elle reconnaissait aussi le roi, à la voix duquel elle accourait, et qui se plaisait à la caresser. Ce jour-là, madame Du Barry voulut donner au roi le plaisir d'une chasse, sans sortir du parc de Marly ; car c'est à Marly que la chose s'est passée. Les piqueurs reçurent l'ordre de lancer la petite biche et de mettre les chiens à sa poursuite. Cette innocente bête ne savait ce qu'on voulait d'elle, et il fallut la faire mordre par les chiens, pour la décider à partir. Quand elle eut fait, en courant, deux ou trois fois le tour du parc, le roi l'ajusta et lui envoya une balle dans le flanc. La biche, toute sanglante, quitta brusquement sa voie et, se dirigeant vers le roi, vint se réfugier entre ses jambes. Mesdames avaient des larmes dans les yeux, mais elles n'osèrent intercéder pour leur favorite. Le roi ordonna qu'elle fût lancée de nouveau ; quand elle repassa devant lui, il fit feu. Cette fois la bête fut atteinte au front et tomba raide morte. Alors les piqueurs sonnèrent la *Royale*, fanfare nouvelle de l'invention de M. le chevalier Glück. Toute la cour applaudit. C'était un beau spectacle.

— Assurément, dit Zimmermann, Louis XV est un grand roi ; mais j'aurais voulu qu'il se laissât toucher par les larmes de ses filles et qu'il fît grâce à la pauvre biche.

— Oh ! monsieur, répondit le gentilhomme, quand le roi s'ennuie, il faut bien qu'on cherche à le distraire.

Zimmermann trouva un prétexte pour s'arrêter quelques instants à Sèvres, afin de laisser son compagnon prendre les devants. En se remettant en route, il se disait : « Ah ! monsieur de Voltaire, si vous survivez au roi Louis XV, et que vous teniez à compléter son histoire, quelles tristes puérilités vous aurez à raconter dans le *dernier chapitre.* »

Mais j'oublie qu'il s'agit du dernier chapitre de mon livre. Je m'étais pourtant promis qu'à défaut d'autre mérite il aurait celui d'être court.

En effet, l'histoire est presque achevée : la perruque, ou plutôt ce qui restait de la perruque a été réduit en cendres ; Blasius est guéri de sa folie et, soit faiblesse de tête, soit sagesse, a renoncé à la philosophie pour la culture des roses trémières ; Péters s'est un peu réhabilité de sa mauvaise action ; Carlotta est mariée et mère de famille ; Christian est un personnage tellement vil que nul ne s'inquiète de ce qu'il a pu devenir. Seuls, Ludwig et Roseline peuvent encore nous intéresser.

Quelques mois après l'incendie de la perruque, et quand les médecins de l'Université eurent déclaré que la maladie mentale de Blasius était incurable, on jugea à propos de lui retirer la tutelle de sa nièce, et le conseil de famille confia la jeune fille à mademoiselle Wilhelmine Werner, sa tante, qui habitait la jolie ville de Carlsruhe, capitale du grand duché de Bade.

Les deux cousines s'aimaient sincèrement. La séparation leur coûta bien des larmes.

Mademoiselle Wilhelmine avait été chanoinesse dans un chapitre d'Allemagne. Les changements survenus dans cette contrée à la suite de la Révolution française ayant fait abolir le chapitre, elle était restée fille et continuait à porter la croix et le titre de chanoinesse.

Mademoiselle Wilhelmine était une vieille fille, pieuse et non dévote.

Dévotion signifie *dévouement*. Une personne dévote devrait être une personne dévouée. Elle est le plus souvent tout l'opposé : une dévote s'occupe uniquement de son salut, et ne s'inquiète pas des autres.

La vraie piété élargit le cœur; la dévotion purement pratique rapetisse l'esprit ; l'une entretient la source des sentiments affectueux, l'autre la tarit. Voilà pourquoi les dévots ont ordinairement le cœur dur. Quand le sort les place sur un trône, ils sont des princes cruels : Constantin, Clovis, Louis XI, Philippe II, en sont des exemples. Saint Louis fait exception, et c'est là son titre de gloire.

La vraie piété donne à l'esprit une douce sérénité et au cœur une joie intime, dont la bienveillance et l'aménité sont les rayonnements extérieurs.

La chanoinesse reçut donc sa nièce à bras ouverts, et lui témoigna l'affection d'une mère. Roseline aurait été heureuse chez elle, si par une distraction involontaire sa pensée ne l'eût vingt fois par jour ramenée à Heidelberg.

A Heidelberg aussi quelqu'un gémissait de l'absence.

Le sort des deux amants n'était pourtant pas fort à plaindre. L'étudiant vint passer ses vacances à Carlsruhe chez son père, conseiller à la cour du grand duc. Dans une petite ville, — et Carlsruhe, bien que capitale, est une petite ville, — tout le monde se connaît. Les deux jeunes gens eurent plusieurs fois l'occasion de se voir en visite chez leurs parents. Ils ne leur cachèrent pas qu'ils s'étaient connus à

Heidelberg, mais ils ne dirent pas tout.

Pourquoi? C'est que l'amour le plus pur s'accommode d'un certain mystère. La clarté de midi lui convient moins que le demi-jour; et le langage qu'il entend le mieux, ce sont les paroles murmurées à voix basse.

Les vacances prirent fin : Ludwig dut retourner à l'Université.

Passer dix mois sans se voir, c'est bien long. Ludwig imagina un moyen de correspondance. Dans une promenade faite en famille à Carlsruhe, Roseline, en plaisantant, avait mis au cou de Black un ruban, dont le jeune homme, rentré à la maison, n'avait pas manqué de s'emparer.

Un dimanche matin, étant dans sa chambre d'étudiant à Heidelberg, Ludwig prit ce ruban dans le tiroir où il l'avait renfermé, le fit flairer à son chien et lui dit, en ouvrant la porte :
Allons, Black, va chercher !

L'intelligent animal prit sa course, et vers le soir il rentra, portant au cou un nouveau ruban. Il avait donc compris et fidèlement rempli sa mission.

Tous les dimanches le même message avait lieu, et avec le même succès. Il fallait voir comme Ludwig caressait son chien, en détachant le ruban.

Un jour l'étudiant écrivit quelques lignes bien tendres et bien respectueuses, et après avoir roulé le papier il l'attacha avec un fil au cou de son commissionnaire. Celui-ci revint, le soir, fort triste et rapportant le billet, auquel on n'avait évidemment pas touché. Le jeune homme comprit qu'il était allé trop loin, et se garda bien de recommencer.

Quelques mois se passèrent ainsi; mais un certain dimanche, le chien revint portant au cou un ruban noir.

Ludwig partit à l'instant même pour Carlsruhe. Il alla se jeter dans les bras de sa mère et lui confia tout. Celle-ci en parla sur-le-champ à son mari. Ils se gardèrent bien, l'un et l'autre, de gronder leur cher enfant. Celle qu'il avait choisie leur convenait. Ils lui firent seulement comprendre que le mariage devait être ajourné à deux ou trois ans.

Quel grand malheur annonçait donc le ruban noir? C'était simplement un malheur en perspective. Christian n'avait pas été sans remarquer la beauté, la grâce et la distinction de Roseline. Maintenant que son mariage avec Carlotta était rompu, il avait dirigé ses vues vers la jeune cousine, et était venu à Carlsruhe avec son père pour demander sa main.

La chanoinesse accueillit favorablement cette demande, en promettant d'y répondre dans quelques semaines. Mais Roseline, sans s'expliquer avec sa tante, déclara qu'elle ne voulait pas se marier. La bonne demoiselle lui faisait, chaque matin, des représentations amicales sur les convenances d'une telle union, et elle espérait amener sa nièce à donner son consentement.

Voilà le péril qu'il fallait conjurer. La chose, comme on le voit, n'était pas difficile.

Le père de Ludwig se rendit chez la chanoinesse. On s'expliqua. Un refus poli, mais formel, fut expédié à Christian. Ludwig fut admis à faire la cour à Roseline, et le mariage différé jusqu'à l'époque où le jeune homme aurait terminé ses études de droit.

Tout porte à croire que la chose eut lieu au terme convenu, et que les deux amants furent heureux en ménage.

Ici se termine cette simple histoire.

Trop simple et bien pâle, m'a dit, en me rapportant mon manuscrit, un ami auquel je l'avais confié. Il me demanda pourquoi je n'y avais pas introduit un bon adultère, un duel, un assassinat ou tout au moins un empoisonnement. Le sujet y prêtait. « Dépouillée de ces accessoires, condiments énergiques du roman moderne, votre histoire, m'a-t-il dit, produira sur le lecteur l'effet d'un verre d'eau sucrée. »

Je n'ai pas l'épiderme très-sensible à la critique; j'avoue toutefois que je me sentis piqué au vif par cette comparaison. Je répondis donc avec un peu d'humeur que, pour des palais brûlés par les liqueurs alcooliques, un verre d'eau sucrée est une boisson agréable, rafraîchissante et salutaire.

Là-dessus, mon ami alluma son cigare et me demanda un petit verre de rhum.

Les lois de l'hospitalité ne me permettaient pas de le lui refuser. Mais, pour tirer une petite vengeance de son dédain, je pris mon manuscrit, et lus à demi-voix le chapitre sur la pipe et la pinte.

Mon critique se mit à rire, je fis comme lui, et nous nous serrâmes cordialement la main.

Lecteur, puissent vos dissentiments avec vos amis ne pas être de plus longue durée !

LA CROIX D'OR

NOUVELLE

LA CROIX D'OR

I

Au mois de septembre de l'année 1850, j'étais à Ems avec ma nièce Mélina, à laquelle les médecins avaient prescrit les eaux thermales de cette contrée. Sa mère, n'ayant pu l'y conduire, m'avait prié de la remplacer.

La vie que nous menions à Ems, n'était pas cette vie de dissipation et de plaisir que viennent y chercher la plupart des baigneurs. Mélina était une charmante jeune fille de quatorze ans. Quand son âge ne l'eût pas tenue éloignée des bals et des fêtes que chaque jour voit se multiplier pour la brillante société qui se réunit à Ems, son goût ne l'aurait pas portée à les rechercher. Aujourd'hui même qu'elle est devenue une dame du grand monde, elle préfère les paisibles jouissances de l'intérieur aux bruyantes distractions du dehors.

A l'exception d'une ancienne amie que j'avais retrouvée là, une de ces vieilles filles au cœur d'or, qui semblent n'avoir refusé de se marier que pour devenir la providence de leur famille, nous ne voyions personne d'une manière intime. Mademoiselle Jenny Duverger avait recueilli chez elle deux nièces orphelines. Elles étaient à peu près du même âge que Mélina ; et comme à la bonté du cœur elles joignaient des manières pleines de distinction et des talents de tout genre, elles formaient pour ma nièce une société tout à fait convenable.

Nous ne les visitions pourtant d'ordinaire que dans la soirée, ou quand le temps était pluvieux. Car, dès que le matin un clair rayon de soleil annonçait une belle journée, je partais avec ma nièce, pour quelque excursion lointaine. On n'a que l'embarras du choix dans cette contrée, dont les sites sont si pittoresques et si variés. Mélina montait sur un âne; je la suivais, tantôt à pied, tantôt sur un bidet. Quand nous avions fait ainsi deux ou trois lieues et trouvé l'endroit qui nous convenait, nous nous arrangions pour y passer la journée. Le guide nous remettait le panier dans lequel la femme de chambre de ma nièce avait renfermé notre déjeûner de midi, et il s'en allait avec les bêtes au plus prochain village. Mélina prenait son album et dessinait. Souvent je faisais comme elle, et je prenais quelques croquis informes, destinés seulement à me rappeler plus tard les bonnes et calmes journées que nous passions ainsi. Mon esquisse achevée, je tirais un livre de ma poche, et je lisais à ma nièce quelques-unes de ces légendes, qui se rattachent aux ruines de tant de vieux châteaux, dont les bords du Rhin sont capricieusement semés. Quelquefois je traduisais pour elle, en les lisant, des ballades de Goethe, de Schiller et de Bürger.

L'heure du déjeûner arrivait. C'était le moment des causeries intimes. J'éprouvais un plaisir charmant à écouter le babil de ma nièce. A cet âge où le cœur s'ignore encore, mais où l'on sent déjà qu'il ne tardera pas à s'ouvrir aux sentiments tendres; où une curiosité naïve, interrogeant toute chose, commence à comprendre que la corolle de la fleur recèle un mystère, et que le nid de l'oiseau est un asile où se cache le bonheur; à cet âge où le mot d'amour, qui revient si souvent dans nos livres, fait rêver, sans qu'on cherche encore à bien en pénétrer le sens, tout est nouveau, tout frappe l'imagination, tout intéresse. Puis l'heureuse insouciance, qui forme encore le fond du caractère, écarte ces pressentiments vagues, ces impressions vives mais peu durables ; et la douce gaîté de l'enfance reparaît ; le franc rire, qui ne sait pas encore se contraindre, éclate tout à coup ; et les plus folles idées, les projets les plus fantasques, les plus charmants caprices, se produisent, s'échappent et tourbillonnent, comme une bande d'oiseaux qui, trouvant la porte de la volière ouverte, en profitent et s'enfuient dans toutes les directions.

Une mère prudente eût cherché peut-être à régler l'imagination effervescente de la jeune fille. Moi, je n'en faisais rien. Le rôle de Mentor ne me convient pas. D'ailleurs à quoi bon ? Le cœur de ma nièce était rempli de sentiments si purs, la succession de ses émotions fraîches et candides dénotait un si bon naturel, que je me serais reproché d'en interrompre le cours. Gazouillement d'oiseau, babil de jeune fille, qui voudrait vous analyser?

Les ruines de l'ancien château de Nassau étaient assez souvent le but de nos excursions. J'aimais à fouler le berceau de cette race énergique, d'où sont sortis tant de princes et de guerriers renommés, et qui a donné successivement : à l'Allemagne un empereur, Adolphe de Nassau, tué à la bataille de Spire par la main de son rival, Albert, duc d'Autriche ; à la Hollande un gouverneur, Guillaume le Taciturne, libérateur des Pays-Bas, et le plus redoutable ennemi de Philippe II; à l'Angleterre un roi, Guillaume III, l'infatigable adversaire de Louis XIV. Les restes imposants de cette antique forteresse féodale couvrent un vaste plateau, sur le sommet d'un rocher escarpé, contrastant avec l'aspect assez pauvre de la ville de Nassau, située dans la vallée et qui, bien que capitale du duché, compte à peine mille habitants.

A mi-côte du rocher que dominait l'habitation seigneuriale des ducs de Nassau, gisent les débris du château de Steinberg, ainsi placé dans une position subordonnée, comme devait l'être le vassal lui-même devant son suzerain. D'après la tradition, ce château de Steinberg avait jadis été donné, par un de ses possesseurs, à des moines qui s'y établirent. A l'époque des guerres de religion, les Nassau ayant embrassé la Réforme, ces moines furent expulsés du duché, et leur couvent fut détruit. On raconte qu'avant de le quitter, l'abbé avait transporté secrètement toutes les richesses de la communauté, dans un souterrain dont il connaissait seul les issues. Au moment où il en sortait, il aperçut un moine qui l'épiait. Alors l'abbé, forçant son subordonné à entrer dans le souterrain, lui dit avec colère : « Puisque tu as découvert le lieu où j'ai caché le trésor, tu en seras perpétuellement le gardien ! » Et il avait violemment refermé les portes sur le malheureux moine.

Voilà ce que disait le livre de légendes, que j'avais lu si souvent à ma nièce.

Un jour, en descendant avec elle des ruines du château de Nassau, nous nous étions arrêtés un instant, pour reprendre haleine, près des décombres de l'ancien couvent. Non loin de l'endroit où nous nous reposions sur l'herbe, un paysan était assis sur une pierre, la tête appuyée et le visage caché dans ses deux grosses mains. Comme il gardait cette attitude je m'approchai et lui demandai s'il était malade.

Il releva la tête et me dit avec une certaine brusquerie : « Malade, non ; mais vous le voyez, je viens de casser ma pioche. »

L'air de cet homme était sombre. Bien qu'il fût jeune encore, l'excès du travail ou un profond chagrin avait durci les traits de son visage et ridé son front.

— Vous avez cassé votre pioche, lui dis-je? Est-ce là un si grand malheur? Vous gagnez donc bien peu que vous ne puissiez la remplacer.

— Non-seulement je ne gagne rien, mais j'ai épuisé toutes mes ressources. Et il faut que mon outil se brise, juste au moment où j'allais trouver le trésor des moines.

— Vous cherchez un trésor, lui dis-je tout surpris?

— Oui, depuis trois ans. J'ai acquis, au prix de tout ce que je possédais, le droit de fouiller dans ces ruines. Le temps de ma concession est sur le point d'expirer; et je n'ai plus rien, pas même de quoi me procurer une pioche.

Tout à coup il parut se raviser : fouillant

dans la poche de son gilet, il en tira un papier graisseux qu'il déplia devant moi.

— Voulez-vous m'acheter ceci, me dit-il?

Et il me présenta une petite croix d'or, du genre de celles que les paysannes de certaines contrées de la France portent suspendues à leur cou.

Autant que j'en pus juger, cette croix était l'ouvrage d'un habile orfèvre du seizième siècle. Les quatres branches, finement ciselées, se terminaient par des fleurs de lis; au centre de la croix il y avait, non pas un christ, mais un agneau couché, environné de rayons.

J'examinai curieusement ce bijou; et comme Mélina me parut en avoir envie, j'en offris vingt-cinq florins (environ cinquante-quatre francs).

— Pourtant, dis-je au vendeur, comme l'objet peut tirer une assez grande valeur de son ancienneté, je vous engage à le présenter d'abord aux bijoutiers d'Ems : peut-être vous en donneront-ils beaucoup plus que moi.

— Non, non, reprit-il; je la leur ai déjà fait voir. Aucun d'eux ne m'en a offert plus que le poids de l'or. Votre prix me convient : la croix est à vous.

— Voici les vingt-cinq florins; mais permettez-moi de vous donner un conseil. Renoncez à chercher un trésor qui n'existe probablement que dans votre imagination : tâchez d'utiliser vos bras à un travail plus fructueux.

— Un trésor qui n'existe que dans mon imagination! Mon père l'a vu, ce trésor, et cette petite croix en provient.

Je jetai sur cet homme, que je pris pour un fou, un regard de douloureuse compassion.

— Oui, mon père l'a vu, continua-t-il avec exaltation; et il n'a tenu qu'à lui d'être riche entre les plus riches. Mais je le deviendrai, moi! Avant trois jours j'aurai le trésor.

— Mon ami, lui dis-je, j'ai beaucoup voyagé.

Partout où il y a des ruines, on parle de trésors enfouis; mais nul ne les a jamais découverts. On ne les cherche même plus : on a cessé d'ajouter foi à ces vieilles légendes.

— Que m'importe ce que pensent les autres? J'en crois le témoignage de mon père : il ne mentait pas. Après tout, c'est une histoire que je peux bien vous conter. Vous n'êtes pas homme à venir remuer ces lourdes pierres : vos mains sont trop faibles pour manier la pioche. D'ailleurs, pendant trois semaines encore, j'ai seul le droit de retourner ces décombres.

— Parlez, lui dis-je; j'écouterai volontiers votre récit.

II

Il commença en ces termes :

Il y a une quarantaine d'années, mon père et ma mère étaient venus, la veille de leur mariage, s'agenouiller ensemble et faire leur prière à l'autel en ruine du château de Nassau. C'est un ancien usage du pays : on prétend même que ceux qui ne s'y conforment pas ne sont jamais heureux en ménage. Comme ils descendaient du sommet de la montagne, le chien de mon père fit lever un jeune chevreuil ; mais celui-ci disparut bientôt dans les buissons qui croissent çà et là sur les débris du vieux couvent. Le chien le suivait de près et disparut aussi. A la prière de ma mère, qui voulait sauver le pauvre chevreuil, mon père pénétra dans le fourré, en rappelant son chien. Il ne tarda pas à le voir sortir d'une espèce de souterrain dont l'entrée était masquée par des broussailles. Curieux de savoir où pouvait aboutir cette cavité, mon père en débarrassa l'entrée et, laissant sa fiancée avec le chien, pénétra dans le souterrain. Il fut d'abord obligé de ramper; mais bientôt, la voûte s'élevant, il put se tenir debout. Après avoir fait deux ou trois cents pas, en suivant les sinuosités du mur, il rencontra une porte qui lui barrait le passage. Il revint alors sur ses pas, et rejoignant ma mère qui l'attendait, en proie à une vive inquiétude, il lui dit que la caverne était sans issue.

Mais, la nuit suivante, muni d'une hache et d'une lanterne sourde, il y retourna secrètement. La porte céda aux premiers coups, et mon père se trouva engagé dans un long corridor, au bout duquel était une cave spacieuse. Contre le mur opposé à l'entrée, il y avait un grand coffre, fermé de trois cadenas et tout bardé de lames de fer. Sur ce coffre gisait le squelette d'un homme, couvert des lambeaux d'un froc. Mon père se rappela les histoires qui se débitent, pendant les soirées de l'hiver. Il ne douta pas qu'il n'eût devant lui le trésor du couvent et le cadavre du malheureux moine que l'abbé avait renfermé dans le souterrain, en lui disant : « Puisque tu as découvert l'endroit où j'ai caché le trésor, tu en seras perpétuellement le gardien. »

S'armant de tout son courage, mon père prit le squelette dans ses bras et le posa par terre. Au moment où il l'enlevait, la tête se détacha, s'échappa du capuchon qui la recouvrait, et vint rouler aux pieds de mon père.

Il fut saisi d'une telle frayeur que ses genoux s'entre-choquèrent, et qu'il fut obligé de s'appuyer contre le mur. Son cœur battait si fort, à ce qu'il m'a dit, que l'écho de la voûte en répétait les pulsations.

Peu à peu il se remit de son trouble et se rapprocha du coffre. De sa hache il en fit aisément sauter les ferrements rouillés. Il souleva le couvercle et tira la chandelle de sa lanterne, pour mieux voir.

Le coffre alors étala toutes ses richesses aux yeux éblouis de mon père : d'innombrables piles de pièces d'or, des vases sacrés, des ostensoirs, des ornements de toute sorte incrustés de pierres précieuses. Il n'avait qu'à puiser ; mais mon père était un esprit faible. D'ailleurs, une circonstance étrange avait fait sur lui une impression profonde. Il m'a certifié qu'au moment où la tête du moine roula sur le pavé, elle fit entendre un ricanement saccadé, semblable à celui que nos poëtes attribuent à Satan, quand il parvient à faire tomber dans ses piéges une âme innocente. Il n'y avait évidemment là que l'illusion d'une imagination frappée. Mon père y vit la preuve que sa découverte était due à l'intervention des esprits infernaux. Puis ce trésor avait appartenu à l'Église ; et bien que mon père fût luthérien, d'après ses idées rétrécies, l'Église seule y avait droit. Que vous dirai-je enfin ? Il résolut de n'y pas toucher.

Au moment où il allait refermer le coffre, il aperçut la petite croix que je viens de vous vendre, et fut pris du désir de s'en emparer, pour l'offrir à sa fiancée. Pauvre insensé ! Que ne saisissait-il quelque croix étincelante de diamants ? Il y en avait plusieurs de ce genre. Non, ce fut cette pauvre petite croix qui seule lui fit envie. Il commença dévotement le psaume : *Heureux ceux qui craignent le Seigneur et qui marchent dans ses voies !* Puis d'une main tremblante, il prit la petite croix et la mit dans son sein.

Quand elle fut distraite du trésor, aucun mouvement ne se fit dans la grotte, comme mon père avait paru le craindre. N'était-ce pas pour lui un encouragement à puiser largement dans le coffre? Il n'en fit rien et se retira. Ensuite il passa plus d'une heure à combler l'entrée du souterrain, au moyen de grosses pierres; et dans la terre fraîchement remuée il planta des ronces et des arbrisseaux, qu'il alla chercher au loin.

III

Mon père ne parla de cet événement à personne. Le mariage fut célébré le lendemain. La petite croix brillait au cou de ma mère. Personne n'y prit garde. La plupart des jeunes femmes du pays en portent, qui pour la forme ne diffèrent pas beaucoup de celle-là.

Mon père ouvrit une auberge à Nassau. Il fit peindre sur son enseigne la croix de ma mère. L'enseigne y est encore : c'est celle de la première maison à droite, en entrant dans la ville.

Vous pourrez la voir tout à l'heure, en retournant à Ems.

Mes parents ont toujours été persuadés que cette croix leur avait porté bonheur. Je suis bien sûr du contraire, moi qui la possède depuis trois ans et dont elle a causé la ruine. Si l'auberge a prospéré, il ne faut l'attribuer qu'à l'activité, à la probité bien connue de mon père, et surtout à l'esprit d'ordre de ma mère. Une seule circonstance jetait une ombre légère sur le ciel serein des premières années de leur union; c'était de n'avoir pas d'enfant; car je naquis seulement quinze ans après leur mariage. A partir de ce moment, ils n'eurent plus rien à désirer.

Mais le bonheur ne dure pas toujours. Ma mère mourut au commencement de l'année 1847. Mon père éprouva un chagrin d'autant plus vif, qu'il était sur le point de me céder son commerce et de se retirer dans une petite maison de campagne, qu'il avait fait bâtir à proximité de la ville. Je devais épouser Johanna, fille unique d'un propriétaire aisé de la contrée, et tenir avec elle l'auberge de la Croix d'or.

La mort de ma mère vint modifier ces plans. Le mariage fut ajourné à trois mois ; et mon père m'annonça qu'au lieu de se retirer seul à la campagne, il continuerait d'habiter avec moi.

Dans la semaine qui précéda le jour fixé pour le mariage, il me donna la croix de ma mère, afin que j'en fisse présent à Johanna, et il me confia la manière dont il en était devenu possesseur.

Son récit me jeta dans un trouble étrange. Je n'ai pas les idées étroites et superstitieuses de mon père, moi ! je suis un homme de mon siècle. Le voisinage d'Ems m'a fait connaître les avantages qu'une grande fortune procure à ceux qui la possèdent. Je me voyais riche, riche à plusieurs millions. Je sautai au cou de mon père.

— Vite, vite, lui dis-je, conduis-moi vers le trésor ! Mais non : attendons la nuit, afin que le propriétaire des ruines du vieux couvent ne vienne pas revendiquer sa part. Tu reconnaîtras bien la place au moins, ô mon bon père ! Nous prendrons dans le coffre tout ce que nous pourrons emporter ; nous reboucherons l'entrée du souterrain ; nous y reviendrons la nuit suivante ; et nous continuerons ainsi jusqu'à l'entier épuisement du coffre.

Mon père ne partagea pas mon enthousiasme; il repoussa mes caresses et me dit : Jamais, non jamais je ne révèlerai l'entrée du souterrain, pas plus à toi qu'à un autre.

Je ne vis là que l'entêtement d'un vieillard qui finirait par céder à mes instances. Je rompis immédiatement le projet de mariage avec

Johanna. Je l'aimais bien pourtant; mais moi, qui devais bientôt marcher de pair avec les princes, pouvais-je épouser la fille d'un petit bourgeois? Je fermai l'auberge et, trois mois durant, je ne cessai d'employer les prières, les supplications, les menaces même, pour obtenir de mon père qu'il me fît connaître l'endroit où le trésor était caché. Tout fut inutile : l'obstiné vieillard se renferma dans un silence absolu. D'un seul mot il pouvait m'assurer la plus brillante fortune; ce mot il refusa constamment de le dire. Je ne pus même obtenir indirectement le moindre indice.

Eh bien, lui dis-je enfin, je chercherai. Ce que vous avez trouvé par hasard, je saurai le trouver à mon tour par le travail et la persévérance.

Ma résolution prise, j'achetai une pioche et une pelle, et je vins fouiller dans ces décombres. Mais, dès le premier jour, les gardes du comte d'Ehrenberg, propriétaire des ruines du couvent, me défendirent de continuer : il me fallait l'autorisation du comte. Je mis trop d'ardeur à la solliciter. Il se douta de quelque chose, refusa longtemps, me posa des conditions très-dures : bref, il me demanda vingt mille florins.

Mon père m'avait précédemment cédé l'auberge et ses autres propriétés, à charge par moi de le nourrir et de le loger, ou, s'il venait à me quitter, de lui payer une rente viagère. Je vendis tout, moyennant vingt-cinq mille florins. Le comte m'accorda, par un acte authentique, le droit exclusif de pratiquer dans ces ruines, pendant trois années, toute espèce de fouilles, et la propriété de tous les objets précieux que je pourrais y découvrir.

Le contrat fut bientôt connu. Il m'a valu, dans le pays, le nom de Hans le fou. Mais que m'importe? Quand je serai devenu Hans le riche, ceux qui me bafouent aujourd'hui seront les premiers à me flagorner.

Il me restait cinq mille florins pour vivre et faire vivre mon père, pendant les trois années. Je m'en inquiétais peu. Je ne pouvais douter que mon père, en voyant ma réserve s'épuiser et la misère arriver pour lui et pour moi, ne se décidât enfin à m'aider dans mes recherches, si je ne parvenais pas à découvrir le trésor, avant l'expiration des trois années.

Je me mis courageusement à la besogne. Chaque matin, je viens ici avec ma pioche et je remue ces pierres. L'habitude du travail et l'énergie de ma volonté ont donné à mes muscles la force et l'élasticité de ressorts d'acier. J'accomplis souvent, dans ma journée, une tâche qu'un ouvrier ordinaire aurait peine à faire en une semaine.

Dans les premiers temps, mon père m'accompagnait toujours. Il s'asseyait sur une pierre, appuyait son menton dans ses deux mains, et me regardait travailler, sans proférer une parole, de toute la journée. J'espérais d'abord que sa présence me serait utile. Dès que j'approcherai du lieu, me dis-je, son émotion le trahira. Mais non : j'avais beau changer fréquemment d'endroit pour mes fouilles, mon père gardait la même attitude, le même silence, et son visage restait impassible.

Un soir, je venais de terminer ma journée, et la pioche sur l'épaule je descendais vers Nassau. Mon père marchait à mes côtés. Je lui adressais de vifs reproches sur son obstination, sur sa barbare conduite à mon égard, quand tout-à-coup le pied lui glissa, et il tomba dans le gouffre qui s'ouvre près du chemin. J'entendis un cri terrible, puis la chute d'un corps, puis plus rien : mon père avait cessé de vivre.

On vous dira peut-être, à Nassau, que Hans le fou a tué son père. Cela n'est pas vrai.

Dans l'état d'exaspération où j'étais, j'ai pu menacer le vieillard, j'ai pu même lever la pioche sur lui; mais je ne l'ai pas frappé, je ne voulais pas le frapper, il devait savoir que je ne le frapperais pas. S'il a reculé brusquement, s'il n'a pas vu le précipice, on ne peut m'en attribuer la faute.

Ici le narrateur s'interrompit. Ses yeux hagards brillaient d'un feu sombre, ses lèvres s'agitaient convulsivement. Un frisson me parcourut tout le corps. Mélina tremblante se serra contre moi !

Hans ne vit pas ce mouvement d'effroi : il avait couvert son visage de ses mains calleuses. Un morne silence régna pendant quelques minutes. Enfin, par un geste brusque, il sembla rejeter loin de lui une pensée de désespoir ou un remords, et il reprit son récit :

Accusé de la mort de mon père, je fus jeté dans une prison. On fit enquête sur enquête.

On ne trouva aucune preuve, et l'on me mit en liberté. J'y ai perdu six mois de travail, voilà tout.

Je repris mes outils et me remis à retourner ces décombres avec plus d'ardeur que jamais. Par une sorte de fatalité, pendant longtemps j'ai mal dirigé mes recherches. Il existe, comme vous avez pu le voir, un large sentier qui du pied de la montagne conduit au vieux manoir des Nassau. Ce sentier contourne, du côté du couchant, les ruines de l'ancien couvent. Mes parents devaient suivre ce sentier, quand ils aperçurent le petit chevreuil : j'en concluais que l'ouverture du souterrain était vers le couchant.

Depuis quelques jours seulement, je me suis rappelé une circonstance qui m'a fait reconnaître mon erreur. Quand mon père me raconta son aventure, il me dit qu'au moment où il achevait de combler l'excavation, le soleil se levait. Il en avait donc vu les premiers rayons. C'était au mois de mai. Voilà une indication précise. Comment n'y avais-je pas fait attention? Je suis vraiment Hans le fou, d'avoir perdu plus de deux ans à un travail qui ne pouvait amener aucun résultat. C'est, seulement depuis le commencement de cette semaine que je dirige ma fouille de ce côté, juste en face de l'endroit où le soleil se lève au mois de mai. De nombreux indices me prouvent que je suis sur la voie. Avant huit jours, j'aurai le trésor. Vous me reverrez à Ems, écrasant de mon luxe les plus nobles et les plus riches.

IV

En achevant ces mots, il se leva et partit. Nous le laissâmes prendre l'avance. Cet homme nous faisait peur. Était-ce un parricide ou seulement un fou? C'était en tout cas un mauvais fils, un cœur que la soif de l'or avait gangrené.

Nous rejoignîmes notre guide à Nassau. Il s'était arrêté à l'auberge de la Croix d'or. L'enseigne offrait effectivement la représentation assez grossière de la petite croix que je venais d'acheter pour Mélina.

Le guide, que j'interrogeai en route, ne savait rien, si ce n'est que Hans avait échangé son héritage contre un trésor imaginaire. Johanna, sa fiancée, était devenue la femme d'un honnête garçon du pays, qui tenait l'auberge de la Croix d'or, la mieux achalandée de la ville.

Quinze jours après, étant sur le point de quitter Ems, je voulus retourner avec ma nièce aux ruines du château de Nassau. A notre grande surprise, nous ne trouvâmes pas Hans à sa besogne. D'après l'aspect des lieux, il était même évident que, depuis plusieurs jours, la terre n'y avait pas été remuée.

Nous passâmes une partie de la journée sur la montagne. Ma respectable amie, mademoiselle Jenny Duverger, et ses aimables nièces nous accompagnaient. Mélina leur avait montré sa petite croix, et raconté l'histoire de Hans. Par un sentiment de curiosité bien naturel, elles désiraient voir cet homme.

En retournant à Ems, nous nous arrêtâmes à l'auberge de la Croix d'or. Je demandai du café pour mademoiselle Duverger et pour moi; les jeunes filles préférèrent une tasse de lait. Je questionnai le maître de la maison pour savoir ce que Hans était devenu.

— Hans est mort, me répondit-il. Il y a tout juste aujourd'hui quinze jours qu'il entra ici vers la nuit. Il venait d'acheter une pioche et une lanterne. Ayant demandé une bouteille de vin, il la but seul à cette table. Depuis la mort de son père, personne ne se souciait de s'asseoir près de lui. A neuf heures sonnantes, il alluma sa lanterne et me dit qu'il allait à la montagne. Il me semble, lui répondis-je, que travailler toute la journée doit suffire, et que vous pourriez bien vous reposer, pendant la nuit. — Bah! fit-il, avant trois jours je serai riche; j'aurai alors tout le temps de me reposer.

Ces paroles firent rire les personnes qui étaient ici. — Bonne nuit, Hans le fou, lui cria-t-on! Il haussa les épaules, sans répondre, et s'éloigna.

Le lendemain, quelques habitants de Nassau, en se rendant au vieux château, ne virent pas Hans à son travail. Le jour suivant, on remarqua de nouveau son absence. Comme il n'était guère aimé, on n'y fit pas autrement attention. Mais, le soir du troisième jour, l'enfant de la mère Grette, le petit pâtre du troupeau de chèvres, vint dire au bourgmestre qu'il avait aperçu un cadavre au fond du précipice de Steinberg. On y alla avec des flambeaux, et l'on reconnut le corps de Hans, plutôt à ses vêtements qu'aux traits de son visage; car il était tout défiguré, tant à cause de sa chute, que parce que des corbeaux avaient commencé à le dévorer.

On a remarqué qu'il est mort, un an après son père, jour pour jour. La chute a eu lieu au même endroit.

Il n'a pas été assassiné par des voleurs ; car on a trouvé vingt-deux florins, dans la poche de son gilet.

Tout le monde ici dit hautement que la main de Dieu l'a poussé dans le précipice, où lui-même il avait poussé son malheureux père.

Le pasteur s'apprêtait à lui donner la sépulture chrétienne; mais les habitants s'ameutèrent et ne souffrirent pas qu'il reposât à côté de leurs pères et de leurs enfants. Une fosse fut creusée près des murs et en dehors du cimetière. C'est là que Hans fut enterré. Plusieurs habitants trouvèrent que c'était trop près du champ consacré au repos des fidèles. Ils auraient voulu que le corps fût jeté à la voirie et abandonné aux corbeaux qui le réclamaient.

Le fait, est, monsieur, — je puis bien le dire, car j'étais là, — qu'au moment où l'on creusait la fosse, une nuée de corbeaux planait au-dessus du cercueil, en poussant d'affreux croassements.

Pendant que l'aubergiste nous racontait ces détails, Johanna, à l'autre bout de la salle, faisait sauter un bel enfant sur ses genoux, en chantant le refrain d'une vieille ballade. Un autre enfant, un plus grand, était assis à ses pieds et jouait avec un jeune chien. Le front le plus austère se fût déridé, à voir cette heureuse mère. Ce spectacle nous faisait mieux sentir la folie de l'homme qui, pouvant jouir d'un tel bonheur, y avait renoncé, pour se faire une existence toute d'opprobre, de misère et de crime.

Nous quittâmes l'auberge, et nous nous remîmes en selle. Mélina et ses deux jeunes amies prirent les devants. Quant à moi, je réglais le trot de mon bidet sur les pas de la mule de mademoiselle Jenny. Tout à coup notre avant garde fit halte; Mélina vint me dire qu'elle était bien décidée à ne plus porter la croix qui avait appartenu à ce méchant homme, et me demanda si elle pouvait en disposer.

— Assurément, ma chère enfant, lui dis-je; la petite croix t'appartient : tu es libre d'en disposer comme tu l'entendras.

Alors elle dit au guide de nous faire passer par Blumenthal.

Blumenthal est un petit village catholique situé à une demi-lieue d'Ems. La chapelle, consacrée à la Sainte Vierge, est ouverte à toute heure; et nos jeunes filles, en revenant de leurs excursions, avaient souvent déposé, sur l'autel, de gros bouquets de bruyère et d'autres fleurs des bois.

Nous nous arrêtâmes devant la chapelle. On

alla chercher le sacristain, qui se munit d'un marche-pied. Mélina y monta, et suspendit la petite croix d'or au cou de la Vierge. Les curieux peuvent encore l'y voir aujourd'hui.

L'HALLUCINATION

—

NOUVELLE

L'HALLUCINATION

LETTRE PREMIÈRE

La leçon d'anatomie.

Mon ami,

Hier, dans notre longue et bonne causerie du soir, tu es revenu sur un sujet que j'ai vingt fois éludé, soit dans nos conversations précédentes, soit dans notre correspondance. Tu aurais voulu connaître la cause qui a amené l'interruption de plus d'une année dans les lettres où, depuis mon enfance, je me suis plû à te raconter tous les événements de ma vie. Tu les as conservées, ces lettres, naïve histoire de mes sentiments, de mes joies, de mes peines ; et la lacune qu'elles présentent de 1831 à 1833, tu voudrais pouvoir la combler.

Je ne sais quelle fausse honte m'a retenu jusqu'à présent. C'est qu'elle est bien étrange l'histoire que j'ai à te confier ! Quand mon souvenir se reporte à cette époque de mon existence, un frisson me saisit, une sueur froide humecte mon front. Ai-je donc été, pendant plus d'une année, un pauvre insensé? Il me semble pourtant qu'un fou, quand il revient à la santé, ne doit se rappeler les actes accomplis par lui, pendant sa démence, que comme les visions troublées d'un mauvais rêve ; tandis que les souvenirs que j'ai gardés de cette époque, sont les plus lucides de toute ma vie.

Enfin, mon ami, marié depuis vingt-cinq ans avec la seule femme que j'aie aimée, père de trois filles, dont deux sont déjà mères de famille, je suis en droit de me croire en possession de toute ma raison. Si donc ce que j'ai à te révéler annonce que j'ai été atteint d'une véritable folie, au moins puis-je espérer que depuis longtemps j'en suis guéri.

Au commencement de l'année 1831, tu étais à Nantes, où plus tard tu as formé un établissement de commerce ; et moi, j'étais à Paris, étudiant en médecine. La vie que j'y menais, ne ressemblait guère à celle de nos camarades. La plupart d'entre eux passaient, à l'estaminet ou dans des lieux de plaisir encore plus bruyants, les heures qu'ils ne donnaient pas à l'étude ; et je me sentais un éloignement marqué pour les distractions de ce genre. Le cigare et l'absinthe n'ont jamais exercé de séduction sur moi ; je ne mettais donc jamais le pied à la tabagie. Je suivais assidûment les cours de l'École et, autant que je pouvais le faire, ceux de la Sorbonne et du Collége de France. Paris est la ville du monde où il est le plus facile de s'instruire : toutes les sources de la science, de la philosophie et des lettres, y coulent à pleins bords ; mais combien peu viennent s'y abreuver ! Plus d'un savant professeur parle à peu près dans le désert ! Et pourtant toutes ces jeunes intelligences arrivent de leurs départements avec le vif désir d'apprendre ; mais bientôt le tabac et les liqueurs alcooliques y mettent bon ordre. J'entends quelquefois dire que le niveau de l'intelligence a baissé en France, depuis le commencement de ce siècle. Si cela est vrai, la cause ne serait-elle pas celle que j'indique ici ?

Bien que je n'eusse à Paris aucun parent, j'y menais en quelque sorte une vie de famille. Je passais toutes mes soirées chez madame Belmont, amie intime de ma mère. Toutes deux s'étaient mariées à peu près à la même époque, et toutes deux étaient restées veuves, après quelques années de bonheur conjugal. Cette espèce de conformité dans leurs destinées avait resserré les nœuds d'une amitié contractée dans le jeune âge. Madame Belmont n'avait qu'une fille, qui ne l'avait jamais quittée et dont elle faisait elle-même l'éducation. Pauline, alors âgée de quinze ans, était déjà une grande et belle personne; mais, sous le rapport de l'étourderie, de l'insouciance et de la gaîté, c'était encore une véritable enfant. Je n'éprouvais auprès d'elle que ce sentiment de bienveillance qu'un frère déjà grand témoigne à une jeune sœur. La mère avait désiré que je donnasse à sa fille des notions usuelles de physique et de chimie, sciences que j'étudiais alors pour me faire recevoir bachelier. Quelques lectures, de bonnes causeries et un peu de musique remplissaient le surplus de la soirée, que je trouvais toujours trop courte ; car à dix heures sonnantes, j'étais impitoyablement renvoyé.

Pendant la journée, j'étais tout à mes études. Il y avait pourtant une des branches de la science qui m'inspirait une vive répugnance. C'est l'anatomie pratique, ou l'étude du corps humain par la dissection. Quand je mettais le pied dans l'amphithéâtre de Clamart, ou dans une des salles des hôpitaux consacrées aux autopsies, quand je voyais ces cadavres d'hommes, de femmes, d'enfants, étendus sur les tables de marbre, mon cœur se serrait et je me sentais pris d'un tremblement nerveux. Je m'asseyais tristement à côté d'un des étudiants qui procédaient à leur besogne avec une insouciance souvent affectée, et je le regardais faire ; car il m'eût été impossible de porter moi-même le scalpel sur ces chairs froides et livides. Mes camarades se moquaient de ce qu'ils appelaient ma poltronnerie, et m'appelaient mademoiselle Maxime. Leurs plaisanteries et les excitations que je m'adressais à moi-même, rien n'y faisait. J'éprouvais un tel dégoût ou plutôt une telle horreur pour la dissection, que force me fut d'y renoncer.

Si ce qu'on m'a dit est vrai, de nos jours les étudiants en médecine doivent faire de l'anatomie pratique, pendant les quatre années que durent leurs études. A l'époque dont je parle, on n'était guère tenu de disséquer que pendant la seconde année du cours. Je pus ainsi passer mes premiers examens avec les seules notions d'anatomie que j'avais puisées dans les livres; mais cette connaissance était tout à fait insuffisante pour la deuxième année.

J'essayai donc de retourner dans les amphithéâtres de dissection. Ce fut en vain. Témoin de cette aversion invincible, un de mes camarades me conseilla de recourir à un enseignement particulier et m'indiqua un répétiteur, des leçons duquel il avait eu à se louer.

Ce répétiteur, nommé M. Vincent, était bien

connu à l'École, sous le nom du docteur Jabot. C'était un homme d'une cinquantaine d'années, mais que la singularité de sa mise et la gravité de ses manières faisaient paraître plus âgé. Il était toujours vêtu de noir, et portait à l'ouverture de sa chemise cet ornement de mousseline, alors tout à fait hors de mode, qui lui avait valu le surnom par lequel les étudiants le désignaient.

J'abordai le docteur Vincent, au moment où il sortait de l'École ; car il en suivait exactement les cours, pour se tenir au courant des progrès de la science. Il consentit à me donner des répétitions trois fois par semaine, de 9 à 10 heures du soir. Cette heure me contrariait, en ce qu'elle abrégeait la soirée que je passais chez madame Belmont ; mais il fallut m'y résigner.

Le docteur Jabot, ou plutôt le docteur Vincent, — car je ne vois pas pourquoi je continuerais à lui donner ce surnom ridicule, —

demeurait rue Saint-Hyacinthe, au quatrième étage. Je me rendis chez lui, au jour et à l'heure convenus. Nous nous assîmes au coin d'un bon feu ; là, dans un exposé succinct mais d'une lucidité parfaite, il me donna une première leçon sur la structure, les connexions et les rapports des différentes parties dont se compose le corps humain. J'admirais la netteté de son exposition quand, vers la fin de la leçon, mon attention fut distraite par un objet étrange que je n'avais pas aperçu en entrant, la chambre n'étant éclairée que par une lampe surmontée d'un abat-jour. Contre le mur situé justement en face de moi, se trouvait le lit du docteur Vincent ; et au chevet du lit, à l'endroit où l'on place ordinairement la table de nuit, il y avait un squelette humain, assis sur une espèce d'escabeau. Une petite planche carrée était posée sur les genoux du squelette; et sur cette planche on voyait déjà le verre d'eau sucrée pour la nuit.

La flamme qui dansait sur les tisons du foyer, jetait des lueurs rougeâtres et vacillantes sur ces os polis, qui semblaient par moments s'animer de mouvements bizarres. Tantôt le squelette s'inclinait en avant, tantôt il se redressait raidement sur sa colonne vertébrale. Parfois le crâne paraissait se tourner vers le mur, et je n'en apercevais plus que l'occiput blanc et lisse comme l'ivoire; parfois il reprenait sa position naturelle, et mes regards plongeaient avec effroi dans les orbites vides des yeux.

Le docteur Vincent s'aperçut de mon saisissement. Il n'en continua pas moins ses explications. A dix heures précises il cessa de parler. En me conduisant jusqu'à la porte, il me fit arrêter auprès de son lit. — Une autre fois, me dit-il, que ce squelette ne vous fasse plus peur! C'est celui de mon meilleur ami. Il est là depuis trente ans, ajouta-t-il d'une voix émue, et je ne m'en séparerai jamais. Quand je mourrai, on le renfermera dans le même cercueil que moi.

Une larme s'échappa de la paupière du docteur, et vint tomber sur celle de ses mains qui tenait la lampe.

Je me sentis attendri.

— Excusez-moi, dis-je au docteur, de n'avoir pas su maîtriser un trouble qui, je le vois, vous rappelle de douloureux souvenirs.

— Douloureux, oui, ils le seront toujours ; mais je ne crains pas d'y reporter ma pensée. Si demain vous pouvez rester ici une demi-heure après la leçon, je vous conterai cette histoire. Je vois que vous avez un cœur sensible, et je me sens disposé à vous révéler un secret que je n'ai confié à aucun de mes élèves.

— Soyez assuré, dis-je au docteur en lui serrant la main, que je vous écouterai avec le plus vif intérêt, et que je ne trahirai pas votre confiance.

DEUXIÈME LETTRE

Le récit du docteur Vincent.

Le lendemain je fus exact à l'heure ; ma curiosité était vivement excitée. Je priai le docteur Vincent de commencer par l'histoire qu'il m'avait promise ; mais il était consciencieux et méthodique en toutes choses. Pour rien au monde, il n'eût employé à une conversation étrangère à la science l'heure qui devait être onsacrée à la leçon. Malgré mon impatience, il n'abrégea pas d'une minute sa démonstration :

afin que mon attention ne fût pas distraite par la vue du squelette, il m'avait fait changer de place.

Quand la pendule sonna dix heures, il termina sa leçon. Il mit du bois sur le feu, et après s'être recueilli quelques instants, il commença ainsi :

Il y a trente ans, j'avais l'âge que vous pouvez avoir aujourd'hui; et comme vous j'étudiais la médecine. J'étais sur le point de terminer mon cours de troisième année, quand j'eus une querelle avec Anatole Durieu, mon ami le plus intime. Nous étions réunis, cinq ou six étudiants dans un café. Une discussion s'éleva sur un point de science. J'avais émis un avis, Anatole soutenait l'opinion contraire. La contestation s'anima; on s'accusa mutuellement d'entêtement et d'ignorance; quelques expressions injurieuses furent échangées; bref, Anatole me provoqua en duel, et il fut convenu que nous nous battrions le lendemain.

J'avais retenu Auguste, un de nos condisciples, pour mon témoin ; Anatole prit pour le sien un jeune homme qui avait été présent à la dispute. C'était un élève de Saint-Cyr, renvoyé de l'École pour fait d'insubordination, et qui attendait à Paris le moment où les sollicitations de ses parents et l'appui de quelques personnes influentes obtiendraient sa réintégration.

Il fut convenu que l'on se réunirait le lendemain, à six heures du matin, chez Anatole, et que de là on se rendrait au bois de Boulogne, où nous devions nous battre à l'épée.

Je passai la majeure partie de la nuit à écrire à ma mère et à prendre quelques dispositions en cas de malheur ; puis je me couchai. Auguste fut exact et vint me prendre un peu avant six heures. Nous nous rendîmes chez Anatole. Il prétendit que nous l'avions éveillé et qu'il avait dormi toute la nuit. Je n'en crus rien ; car pour moi je n'avais pas fermé l'œil. Mais, depuis que le prince de Condé a dormi d'un si bon sommeil, la veille de la bataille de Rocroi, il est de rigueur qu'on fasse comme lui, pendant la nuit qui précède un duel.

Tandis qu'Anatole s'habillait, Auguste, tout en se promenant dans la chambre, nous fit sentir quelle folie il y avait, à nous qu'unissait une si étroite amitié, d'aller nous couper la gorge pour quelques paroles blessantes, que la vivacité naturelle à notre âge avait amenées dans la discussion. Il nous parla de notre avenir, et de nos parents, que la mort de l'un de nous plongerait dans le désespoir.

Ses paroles étaient simples, mais senties. J'en fus ému. Je suis provoqué, lui dis-je ; qu'Anatole retire sa provocation, tout sera fini. Je ne demande pas mieux, reprit celui-ci, si tu me fais des excuses. — Qu'est-ce à dire, s'écria Auguste ? Il n'y a eu ni provocateur ni provoqué, mais un simple malentendu entre deux amis qui ont autant de tort l'un que l'autre, ou plutôt qui n'ont pas plus de tort l'un que l'autre, et par conséquent n'ont ni excuses à se faire, ni explications à se demander. En parlant ainsi, il me prit la main et la mit dans celle d'Anatole.

Je n'avais pas le moindre sentiment de haine contre mon ami. Je serrai sa main, il serra la mienne. Si notre débat de la veille n'avait eu qu'Auguste pour témoin, il n'aurait probablement pas même laissé une trace dans notre souvenir.

Mais en ce moment l'élève de Saint-Cyr entra. « Vous ne pouvez venir plus à-propos, Monsieur, lui dit Auguste ; le malentendu qui existait entre nos deux amis a cessé ; je ne doute pas que vous ne soyez disposé à les en féliciter avec moi. — Monsieur, lui répondit l'ex-élève de Saint-Cyr, les choses ne peuvent se passer ainsi. Je connais les règles du duel : quand une provocation a été faite et acceptée, sans aucun doute un arrangement qui en prévient les suites, peut intervenir, mais sur le lieu fixé pour le combat et en présence des deux témoins. Rendons-nous au bois de Boulogne; là, si des explications loyales sont de nature à amener une réconciliation, soyez sûr que je serai le premier à les solliciter.

— Et pourquoi nous rendre au bois de Boulogne, reprit vivement Auguste ? Qu'est-il besoin de ce que vous appelez des explications loyales ? Un léger dissentiment est venu troubler une amitié de dix ans ; le bon accord est rétabli, et nos amis se sont serré la main. Tout est donc terminé, et pour le mieux. Deux camarades n'ont pas besoin de mettre l'épée à la main, pour déclarer qu'ils se réconcilient.

— Monsieur, répondit l'ex-Saint-Cyrien, avec une certaine aigreur, le point d'honneur a ses lois. Anatole m'a prié d'être son témoin ; je ne dois pas souffrir qu'il se rende ridicule, par un accommodement en dehors de toutes les convenances. Allons au bois ; là tout pourra s'arranger.

— Mais c'est une odieuse comédie que vous voulez faire jouer à nos amis et à nous-mêmes !

— Monsieur, mesurez vos expressions.

— Je n'ai rien à mesurer, s'écria Auguste !

— Alors vous m'insultez et vous m'en rendrez raison.

— Volontiers; cette fois je suis prêt à sortir, mais pour me battre avec vous.

L'ex-élève de Saint-Cyr s'élança vers Auguste, et le saisissant à deux mains par le collet de son habit : — Vous ne retirerez pas la parole que vous venez de prononcer, s'écria-t-il ; sortons sur-le-champ.

Cette scène avait été si vive qu'Anatole et moi, nous n'avions pu intervenir. Tu seras mon témoin, m'avait crié Auguste ; tu seras mon témoin, avait crié son adversaire à Anatole.

Et les voilà nous entraînant, nous forçant à descendre l'escalier avec eux. Une voiture, dans laquelle l'élève de Saint-Cyr avait laissé les épées, était en bas ; nous y montâmes précipitamment, et nous roulâmes vers le bois de Boulogne.

Pendant le trajet, nous nous disputâmes tumultueusement. Anatole et moi, nous prétendions que nous seuls devions mettre l'épée à la main, et nous ne souffririons pas que nos témoins prissent notre place. Auguste et son antagoniste soutenaient que notre affaire était arrangée ; une seule restait à régler avec les armes : c'était la leur. Bref, après de longs débats, pendant la route et même sur le terrain, il fut convenu qu'Anatole et moi, nous nous battrions les premiers. Le second duel, s'il devait avoir lieu, ne viendrait qu'après le nôtre.

Nous mîmes habit bas, et, l'épée à la main, nous nous plaçâmes en face l'un de l'autre. J'eus un moment l'envie de jeter là mon épée et d'ouvrir les bras à mon ami. Je ne dirai pas qu'une fausse honte me retint ; non, ce fut la crainte de voir nos armes passer aux mains de nos deux témoins. Bien résolu à me défendre et à ne pas attaquer, je me mis en garde. Il me fut facile de voir qu'Anatole avait la même intention que moi. Malheureusement, après quelques passes, le pied me glissa ; Anatole fit un mouvement pour me retenir, mais il tomba lui-même pour ne plus se relever. Mon épée lui avait traversé la poitrine de part en part.

Je ne puis vous dire ce que j'éprouvai, quand je le vis étendu sans mouvement sur le gazon. Je jetai au loin ma fatale épée, je me précipitai sur le corps de mon ami, j'écartai la chemise et me mis à sucer la blessure avec une ardeur qui tenait de la frénésie. Efforts inutiles ! Le fer ayant percé le poumon, l'épanchement se faisait en dedans ; le sang ne venait pas au dehors. Je levai un instant la tête ; Anatole me sourit tristement ; il ne put parler, mais une légère pression de sa main, que je tenais dans la mienne, m'annonça qu'il me pardonnait. Ce fut tout : il avait cessé de vivre.

Auguste était aussi consterné que moi. L'élève de Saint-Cyr se livrait aux manifestations du plus vif désespoir. Il s'accusait hautement de la mort d'Anatole. Il embrassa Auguste et lui fit ses excuses. Emmenez votre ami, lui dit-il, je me charge du reste.

Il fit avancer le fiacre qui nous avait amenés. Nous l'aidâmes à y déposer le corps inanimé d'Anatole, et le fiacre s'éloigna. Au lieu de retourner immédiatement à Paris, Auguste me força de traverser le bois de Boulogne et de revenir par Saint-Cloud. Il était nuit quand nous rentrâmes. Pendant cette longue course à pied, nous n'avions pas échangé une parole.

Je me dirigeai vers la maison dans laquelle avait demeuré Anatole. En entrant dans la chambre, nous trouvâmes l'élève de Saint-Cyr. Il me dit qu'il avait fait la déclaration à la mairie et commandé l'enterrement. Je le remerciai froidement, et j'ajoutai que je me chargeais de veiller le corps pendant la nuit. Il comprit que sa présence me serait extrêmement pénible. Il embrassa encore Auguste et nous quitta. De nous trois, c'était évidemment le plus malheureux.

Je renvoyai aussi Auguste, malgré les instances qu'il fit pour rester avec moi. Quand il fut parti, je m'assis auprès du corps d'Anatole. J'étais abîmé dans ma douleur, mais calme. Ma pensée ne s'arrêtait pas sur le rôle que j'avais joué dans ce drame sanglant ; je n'éprouvais pas de remords : comme dans les tragédies antiques, la fatalité avait tout conduit.

A dix heures, le médecin chargé de constater les décès entra. « De quoi est-il mort ? dit-il en soulevant légèrement le drap qui recouvrait le corps. — D'un coup d'épée qui lui a traversé le poumon droit. — Il s'est donc battu en duel ? — Oui, et c'est moi qui l'ai tué. »

Le docteur jeta sur moi un regard de douloureuse compassion. Il me demanda une plume et de l'encre, et écrivit son rapport. J'ignore ce qu'il y mit, mais je ne fus pas inquiété par la Justice.

Je passai la nuit dans une sorte de prostration de corps et d'esprit. Comme j'avais l'intention de prononcer un discours sur la fosse, je voulus essayer de le composer. Rien de satisfaisant ne me vint à la pensée. J'y renonçai, me fiant à l'inspiration du moment.

Vers six heures du matin le menuisier entra, et Auguste avec lui. Nous mîmes le corps dans le cercueil, en l'enveloppant dans le drap qui le couvrait; car je n'avais pas voulu qu'il fût cousu dans un linceul.

Les obsèques eurent lieu à midi. Par une affiche à la main, apposée à la porte de l'École de médecine, Auguste avait engagé les étudiants de troisième année à suivre le convoi. Un petit nombre d'entre eux répondit à cet appel. Le cercueil descendu en terre, et la fosse comblée, je voulus déclarer aux assistants que j'étais le meurtrier de mon ami. Mais, comme si une main de fer m'eût serré la gorge, il me fut impossible d'articuler une parole. Profitant de ce moment de trouble et d'angoisse que je cherchais à maîtriser, Auguste et quelques-uns de nos camarades m'entraînèrent jusqu'à la porte du cimetière, où le reste du cortége ne tarda pas à nous rejoindre.

De retour à Paris, et après avoir remercié les personnes qui avaient assisté aux obsèques, je conduisis Auguste dans un restaurant où nous dînâmes. Nous avions besoin de forces pour l'exécution du projet que j'avais conçu. De là nous nous rendîmes à ma chambre. Je me jetai tout habillé sur le lit, Auguste s'arrangea dans un fauteuil, et nous prîmes quelques heures de repos.

Quand la nuit fut tout à fait venue, nous sortîmes pour nous rendre au cimetière du Montparnasse. J'avais communiqué mon dessein à Auguste, qui chercha vainement à le combattre. Je voulais transporter chez moi le squelette de celui que j'avais tant aimé et que j'avais tué.

Nous nous munîmes d'une échelle, d'une pelle, d'une pioche et de cordages. C'était par une froide nuit de février. Il soufflait un vent du nord fort âpre.

Quand nous eûmes escaladé les murs du cimetière, nous nous mîmes à l'œuvre. En fouillant et en rejetant la terre dont on avait comblé la fosse, nous eûmes bientôt mis le cerceuil à découvert; j'en brisai le couvercle à l'aide de la pioche, car il nous eût été impossible de remonter le cercueil entier. J'attachai une corde autour du cadavre, et je le soulevai, en disant à Auguste, auquel j'avais jeté la corde, de le tirer dehors. Le pauvre garçon était bien incapable de le faire, ses forces l'abandonnaient, et d'une voix entrecoupée par ses sanglots il me suppliait de renoncer à mon entreprise; mais rien ne pouvait ébranler ma résolution. Je parvins à placer le cadavre debout dans la fosse. Je remontai et, assisté plutôt qu'aidé par mon ami, j'amenai le corps à terre. Nous le portâmes jusqu'au pied du mur. Là, je le chargeai sur mes épaules, et le maintenant avec la corde je parvins à le porter au haut du mur. Auguste, qui monta le dernier, fit passer l'échelle de l'autre côté, et je fus bientôt avec mon fardeau hors de l'enceinte consacrée.

Le plus rude de la tâche était fait, mais non le plus pénible.

Il y avait en ce temps-là, sur le boulevard Montparnasse, un nourrisseur de vaches, chez lequel, pendant la belle saison, nous étions allés souvent, Anatole, Auguste et moi, prendre une tasse de lait chaud, vers cinq ou six heures du matin. Cet homme m'était tout dévoué. L'année précédente, j'avais soigné sans rétribution sa femme atteinte d'une maladie grave. C'est chez lui que j'avais pris l'échelle, les outils et les cordes nécessaires à mon expédition. Il était prévenu que j'aurais besoin de la chaudière dans laquelle il faisait ses lessives. Il l'avait remplie d'eau, et déjà le feu était allumé dans le fourneau.

En me voyant revenir avec un cadavre, cet homme sembla comprendre mon dessein. Il me demanda s'il pouvait m'être utile. Je le remerciai de son offre obligeante; et il se retira, heureux de voir que je n'acceptais pas ses services.

Une triste besogne me restait à faire. Je voulais faire bouillir le corps de mon malheureux ami, afin de dépouiller les os de leurs chairs; mais ce corps, il fallait d'abord le dépecer. Je l'avais étendu sur une table, sans ôter le drap qui le couvrait; je préparai mes instruments, tandis qu'Auguste attisait le feu. Quand je saisis mon scalpel, une sueur froide ruissela sur mon visage. Je pris la gourde dont je m'étais muni, et j'avalai quelques gorgées de rhum. La force me revint. Je fis d'abord une incision depuis le haut de la poitrine jusqu'au bas du ventre, afin d'enlever préalablement les viscères. En ce moment, Auguste, qui s'était occupé du feu, releva la tête; en me voyant, les bras nus, fouiller dans les entrailles du cadavre, il jeta un cri d'horreur et s'évanouit. Je me lavai les mains, et j'emportai mon ami dans la cour. Je lui frottai les tempes et les lèvres avec un peu de rhum, et le quittai dès qu'il revint à lui. Je plaçai dans un cuveau les parties que je venais de détacher; d'une main ferme, je désarticulai les bras, puis les cuisses, et je mis ces membres dans l'eau bouillante. Quand il fallut enlever la tête, je fus saisi d'un tremblement nerveux; mais l'énergie de ma volonté l'emporta. J'achevai ma terrible besogne, et plongeai la tête et le tronc dans la chaudière.

Auguste était rentré dans l'intervalle; l'odeur de ces chairs bouillies l'incommoda et le força à regagner la porte. Je sortis avec lui et le priai de creuser une fosse dans un coin du jardin.

La terre était gelée, la pioche l'entamait difficilement; mon pauvre ami passa plus de deux heures à ce pénible ouvrage. Le mouvement de la pioche et de la pelle l'empêchait de se refroidir.

Quand il termina son travail, je finissais le mien. J'avais détaché toutes les chairs que je réunis avec les viscères dans le drap mortuaire, et nous allâmes les déposer dans la fosse, que nous recouvrîmes de terre; puis nous aplanîmes le sol en piétinant. Je m'agenouillai, et je pus alors prier et pleurer. La force incroyable dont je m'étais senti soutenu jusquelà, m'avait abandonné. Je ne regrettais pourtant pas ce que je venais de faire.

Nous rentrâmes dans le fournil, et nous entretînmes le feu pendant le reste de la nuit.

Au petit jour, le nourrisseur revint. Je lui

montrai les os du squelette, que j'avais cachés sous quelques bottes de paille dans un petit hangar. Il promit de les apporter chez moi, pièce par pièce.

Huit jours ne s'étaient pas écoulés, que j'étais en possession de toutes les parties du squelette. Je le montai et le disposai tel que vous le voyez aujourd'hui ; car cette chambre est celle que j'occupais, quand j'étais étudiant.

Un devoir me restait à remplir. Anatole n'était pas riche ; sa mère avait dû entamer son capital pour subvenir aux dépenses nécessitées par les études de son fils. Celui-ci m'en avait souvent parlé, et il s'était promis de l'indemniser un jour des sacrifices qu'elle s'imposait, et d'entourer sa vieillesse d'aisance et de bien-être.

J'avais une quinzaine de mille francs. C'était tout mon patrimoine. Je me rendis dans la ville qu'habitait la mère d'Anatole. Je me mis en rapport avec son notaire. Le jugeant digne de ma confiance, je lui avouai tout, et lui remis mes quinze mille francs. Il fit croire à la digne femme que c'était une restitution faite par un ancien débiteur de son mari, et plaça la somme en rente viagère sur sa tête.

Je fus reçu docteur quelque temps après. Un des professeurs de l'École, qui m'avait pris en amitié, me mit en relation avec plusieurs familles de la capitale. J'aurais pu me faire une bonne clientèle : mais le triste événement que je viens de vous raconter, jetait une ombre sur ma vie et m'éloignait du monde. Une mélancolie profonde s'était emparée de moi, et me suivait partout, même auprès de mes malades. C'était là une disposition des plus fâcheuses. Il faut qu'un médecin ait l'esprit serein, la physionomie ouverte, l'humeur enjouée. Il doit entrer dans la chambre de son malade, comme un rayon de soleil, ou plutôt comme la colombe qui rapporte dans l'arche un rameau d'olivier. A son aspect, les souffrances du patient se calment, et l'espérance renaît sur le front de ceux qui l'entourent. Si au contraire le médecin arrive, soucieux et taciturne, le malade s'inquiète : il suppose que son état est alarmant, désespéré peut-être ; l'émotion qu'il ressent est plus funeste que la maladie elle-même.

Je me livrais souvent à ces réflexions, et je me demandais si renoncer à ma profession n'était pas un devoir de conscience. Une circonstance mit fin à mon indécision.

Auguste, dont je vous ai parlé, était un garçon doué du meilleur cœur, mais d'une intelligence arriérée. Il venait d'être refusé pour la seconde fois à son premier examen. Son découragement me toucha. Je me fis son répétiteur, et au bout de trois mois il put réparer son échec. L'essai que je fis ainsi de mon talent pour enseigner, décida de ma vocation. Je renonçai à la médecine pratique, pour devenir un humble répétiteur. J'aurais pu trouver dans ma profession de médecin la richesse et la célébrité ; mais je n'ambitionnais ni l'une ni l'autre. Humble journalier de la science, je remplis une tâche obscure mais utile, et qui me donne, avec le pain de chaque jour, la paix, l'indépendance et le contentement. Je ne suis pas chargé, mon jeune ami, de vous faire une leçon de morale ; laissez-moi pourtant vous dire que si vous cherchez le bonheur, vous avez plus de chance de le rencontrer dans une situation modeste, dans quelque petit coin, oserai-je dire, que dans un poste brillant et envié.

TROISIÈME LETTRE

Maladie et guérison.

Le récit du docteur Vincent m'avait jeté dans un trouble étrange. Je passai plusieurs heures à me retourner dans mon lit sans trouver le sommeil. Comment cet homme, qui me paraissait d'un caractère si doux et si bienveillant, avait-il pu se résoudre à un acte que je regardais comme une abominable profanation? Je repassais dans mon esprit toutes les circonstances de cette horrible tragédie, le duel, le meurtre involontaire, mais surtout la violation de sépulture et la scène qui s'était passée dans le fournil. Je croyais sentir l'odeur repoussante de ces membres humains, qui bouillaient dans la chaudière; puis j'assistais en imagination à la dissection du cadavre, et finalement je voyais toujours devant moi ce squelette qui, assis sur son escabeau, semblait avoir écouté sa propre histoire avec un lugubre sourire.

Je finis par m'endormir; mais j'étais en proie à une fièvre ardente : mes rêves reproduisaient de cent façons bizarres toutes les visions qui avaient fatigué ma pensée, avant que je cédasse au sommeil.

Quand je m'éveillai, il faisait grand jour. En ouvrant les yeux, je vis, — mon ami, tu vas te moquer de moi; mais non, tu ne riras pas dans un sujet si triste, — je vis un squelette assis au pied de mon lit; et ce squelette était le mien.

Oui, le mien, je n'en pouvais douter; mes doigts, que je tâtai aussitôt, étaient mous et flexibles comme des doigts de gant; mes bras, mes jambes n'avaient plus de parties solides.

Que ce fût une hallucination ou une réalité, je ne veux pas disputer là-dessus. Pour moi, la chose avait alors et a toujours eu l'évidence d'un fait.

Je ne me rendis pas tout d'abord. Je me tournai du côté du mur, et je fus plus d'une heure à me raisonner, m'efforçant de surmonter le sentiment de terreur indéfinissable qui s'était emparé de moi. Et quand je reportai mes yeux de l'autre côté, je vis encore, non confusément, mais d'une vue nette, le squelette assis; et les os que je sentais absents de mes membres me donnaient la seule explication possible de ce phénomène inexplicable.

Vers midi, le garçon chargé de faire ma chambre vint frapper à la porte. Je lui criai de mon lit que j'étais indisposé, que je ne me lèverais pas de la journée, et qu'il pouvait se dispenser de revenir. Il me demanda s'il devait prévenir le maître de l'hôtel. Je lui dis que non, et que je n'avais besoin de rien.

J'essayai de me lever. Épreuve redoutable ! Je craignais que mon corps ne s'affaissât sur lui-même, comme un vêtement que l'on quitte, et qui ne peut se tenir debout. Il n'en fut rien : bien que mes jambes vacillassent, elles me portaient. Je passai ma robe de chambre, et me traînai en chancelant jusqu'à la fenêtre. Là je m'assis dans un fauteuil, et je me mis à pleurer. Ce ne fut qu'après plusieurs heures, lentement écoulées, que j'osai me regarder dans la glace. Je ne me trouvai pas aussi changé que je le craignais ; seulement j'avais l'air d'un vieillard, et il y avait dans toute ma personne quelque chose de flasque, qui ne trahissait que trop la soustraction de ma charpente osseuse.

Vers quatre heures de l'après-midi, on frappa

à ma porte. Je ne répondis pas; mais le docteur Vincent se nomma, et je reconnus sa voix. C'était la seule personne que je désirasse voir. Je me levai de mon fauteuil et j'allai lui ouvrir. J'eus besoin d'employer mes deux mains pour faire tourner la clé.

La veille au soir, il avait cru s'apercevoir, à mon agitation, que j'étais malade; et il venait pour s'informer de ma santé.

Hélas! docteur, lui-dis-je d'une voix entrecoupée par mes larmes, vous voyez quel affreux malheur m'est survenu. Et je lui montrai le squelette assis au pied de mon lit. — Oui, me dit-il d'un air surpris et affligé... oui, je vois; mais calmez-vous et dites-moi comment cela vous est arrivé.

Je lui contai alors la mauvaise nuit que j'avais passée, mon insomnie, mes mauvais rêves, et l'horrible découverte que j'avais faite à mon réveil.

—Allons, mon jeune ami, du courage, me dit-il ! Il y a remède à tout ; l'accident pathologique que vous éprouvez, est excessivement rare. Les annales de la science médicale en signalent à peine deux ou trois exemples. Mais vous guérirez, je vous promets que vous guérirez.

— Que dois-je faire pour cela, docteur ?

— Il faut quitter Paris et retourner chez votre mère. Là, vous vous occuperez de choses étrangères à la science. Toute fatigue d'esprit aggraverait votre état.

— Quitter Paris ! Mais cette partie de moi-même, — et je lui montrais mon squelette, — je la laisserais donc ici !

— Non certes, elle vous accompagnera. Ce soin me regarde.

— Ma pauvre mère ! Que dira-t-elle, en me voyant revenir ainsi ?

— Votre mère vous soignera. Je lui indiquerai tout ce qu'elle devra faire ; car c'est moi qui vous conduirai chez elle. Vous ne pouvez pas voyager seul, ni en voiture publique. Prévenez votre mère, ou plutôt je m'en charge ; donnez-moi son adresse. Je lui écrirai, en rentrant chez moi.

— Que vous êtes bon, docteur ! Mais, Madame Belmont, comment puis-je aller lui faire mes adieux ?

— Madame Belmont ! Quelle est cette dame ?

J'expliquai alors au docteur quelles étaient mes relations avec cette amie de ma mère, et avec son aimable fille.

— Je vous conduirai chez elle, me dit le docteur Vincent, à moins que vous ne préfériez, — et c'est mon avis, — que j'aille vous excuser de partir, sans lui faire vos adieux.

— Oh ! Si elle me sait malade, elle viendra ici.

— Rassurez-vous. J'irai la voir à une heure assez avancée de la soirée, pour qu'elle ne puisse venir aujourd'hui ; et demain de bonne heure nous partirons pour Reims, puisque c'est dans les environs de cette ville que demeure votre mère. Comme il n'y a guère plus de vingt lieues d'ici, en voyageant à petit train, nous y serons vers le soir. Recouchez-vous. Je vais vous faire préparer une tasse de chocolat : c'est le seul aliment que je vous permette aujourd'hui.

Il sortit ; une demi-heure après, il revint avec le chocolat. Puis il me souhaita une bonne nuit, et me dit que le lendemain à six heures il serait chez moi.

Le lendemain, le docteur fut exact. Il était accompagné d'un menuisier portant une boite à peu près carrée. Je ne comprenais pas comment mon squelette pourrait y tenir, et j'avais une peur affreuse qu'on ne fût forcé de détacher les membres. Mais le docteur, après avoir renvoyé l'ouvrier, prit le squelette, lui replia avec beaucoup d'adresse les os des jambes, des cuisses et des bras, et le plaça dans la caisse dont le dedans était coussiné. Puis il sonna et fit monter le garçon de l'hôtel, pour l'aider à faire ma malle. Il ne voulut y mettre aucun de mes livres de médecine. Votre esprit a besoin de repos, comme votre corps, me dit-il. Toute étude exigeant une application soutenue ne peut vous convenir en ce moment.

Nous déjeunâmes d'une tasse de café au lait. Une chaise de poste nous attendait à la porte. Il m'y fit monter avec précaution, m'enveloppa dans un bon manteau, me plaça commodément dans un coin, et nous partîmes.

C'était par une belle journée de mai. Nous voyagions en voiture découverte. La campagne était magnifique. Les pommiers plantés sur les bords de la route étalaient leurs bouquets de fleurs blanches et roses. L'air vivifiant rafraîchissait et calmait mon cerveau. Quand ma pensée oubliait mon triste état, je me sentais heureux. Mais cela ne durait pas longtemps.

Pendant toute la route, le docteur fut rempli d'attentions pour moi. Nous arrivâmes à destination vers six heures du soir. Ma mère me prit dans ses bras en pleurant, et je m'aperçus qu'elle évitait de me serrer. Je pleurais aussi et ne pouvais parler; mais le docteur interrompit cette scène d'attendrissement. Il me pria de lui indiquer où l'on pourrait remiser la chaise de poste, son intention étant de rester quelques jours avec nous. Quand nous eûmes pris les arrangements nécessaires, quand il eût renvoyé le postillon et les chevaux, nous nous mîmes à table. Le docteur indiqua à ma mère le caractère de ma maladie, et les soins qu'elle réclamait. Il en parlait avec tant de calme, il paraissait tellement affirmatif, en annonçant ma guérison, dont il n'hésitait pas à fixer l'époque, que l'espérance rentrait dans mon cœur.

Le petit domaine de ma mère ne contenait guère qu'une trentaine d'hectares. La maison occupée par elle était attenante aux bâtiments d'exploitation habités par le fermier. Ma mère vivait là seule avec une servante; mais le mouvement de la ferme donnait de l'animation à sa solitude.

Les deux ou trois jours suivants furent employés à visiter notre petite propriété. Le docteur Vincent, qui avait des connaissances en agriculture, me fit remarquer qu'elle était dans des conditions moins bonnes que la plupart des propriétés voisines : les étables étaient mal aérées, mal tenues sous le rapport de la propreté. Or, *telle étable, telles bêtes,* disait le docteur. Les animaux n'étaient ni bien soignés, ni bien nourris. Ils n'ont pas *l'œil caressant* en regardant leur maître, disait le docteur, donc le maître ne les aime pas. Les fumiers, l'aliment du pain, la vraie richesse du cultivateur, étaient négligés. Or, disait le docteur, *doubler ses engrais, c'est doubler ses champs.*

Il m'engagea à établir un cépage sur une colline inculte, dont la situation lui parut propre à la culture de la vigne ; il me conseilla de planter des arbres fruitiers dans le verger, d'assainir, par des rigoles d'écoulement un pré marécageux ; bref, il m'indiqua beaucoup d'améliorations de détail, peu coûteuses et faciles à réaliser.

Le fermier, qui nous accompagnait, tantôt l'approuvait, tantôt faisait des objections. Mais le fermier était vieux, lent par nature et routinier; d'ailleurs c'était à moi, à mon intelligence, à mon activité que le docteur faisait appel. — Voilà, me disait-il, de quoi vous occuper pendant toute une année, temps que je juge nécessaire à votre guérison. Avec un ou deux manœuvres à la journée, il vous est facile de faire exécuter les travaux que je vous indique. Dirigez-les, surveillez-les ; rien ne peut être plus avantageux pour vous que la vie en plein air. Les améliorations à introduire dans l'intérieur de la ferme viendront après.

L'excellent docteur nous quitta, en me faisant promettre de lui écrire souvent. Après son départ je tombai dans un profond découragement. Ma mère, à laquelle il avait fait partager ses idées, ne cessait de m'en entretenir, et me pressait de me mettre à l'œuvre.

Je finis par m'y décider. Je pris deux manœuvres à la journée, et je fis creuser le fossé destiné à saigner le pré marécageux. Deux fois par jour, j'allais surveiller leur travail. J'éprouvais un mouvement involontaire d'envie, en voyant les bras robustes de ces hommes. Que n'aurais-je pas donné pour avoir la force d'enfoncer, comme eux, la bêche dans cette terre grasse et tourbeuse, et d'en détacher d'énormes pelletées? Mais je n'osais seulement soulever leurs outils.

Je me mis aussi à m'occuper du jardin. Ma mère aimait les fleurs. Afin d'en avoir pendant l'hiver et de conserver les plantes délicates, je fis construire une petite serre. Je passais des journées entières à marcotter des œillets, à bouturer des géraniums et des verveines, à greffer des rosiers, et à une foule de pratiques horticoles qui n'exigeaient pas de force.

Vint le temps de la moisson et de la récolte des fruits. J'assistais, sans y prendre à mon grand regret une part active, à toutes ces scènes de la vie rurale, qui m'étaient familières depuis mon enfance, mais auxquelles je m'intéressais plus vivement qu'autrefois.

L'arrière-saison et le commencement de l'hiver furent le temps de mes plus grands travaux. Je fis établir mon vignoble, et garnir mon verger d'arbres fruitiers. Je trouvai, dans la bibliothèque que m'avait laissée mon père, un traité d'agriculture. Je le consultais souvent et, d'après les connaissances que je possédais en chimie et en botanique, je cherchais à approprier mes plantations et mes cultures à la nature calcaire, argileuse ou siliceuse des terrains.

Je m'aidais aussi des conseils d'un jeune fermier voisin, plus instruit et moins routinier que les autres. Il m'indiquait les bonnes méthodes de culture, et les productions qui réussissaient le mieux dans le pays.

Je fis réparer le chemin qui de la grande route conduisait à la ferme, et je le bordai de noyers et de châtaigniers. J'allais moi-même choisir à la pépinière tous les arbres que je faisais transporter chez moi.

J'étais en correspondance réglée avec le docteur Vincent, auquel je rendais compte et de mes travaux et de l'état de ma santé. D'après les détails que je lui donnais sur ce dernier point, il m'assurait que ma maladie touchait à son terme, et m'annonça qu'il ne tarderait pas à venir me voir, pour être témoin de ma guérison.

Ma mère était pieuse. Au commencement du mois de mai, elle me dit qu'elle allait faire une neuvaine pour demander à Dieu le rétablissement de ma santé. Le 12 du mois, jour où elle faisait dire sa neuvième messe, elle me pria d'y assister avec elle. J'étais alors et je suis resté un homme de mon temps, chrétien au fond du cœur, mais ne croyant pas à l'efficacité de certaines pratiques religieuses. Je ne pus pourtant m'empêcher d'être touché de la foi de ma mère. Pendant l'office divin elle pria avec une telle ferveur, la confiance en la bonté de Dieu rayonnait si bien sur son front, que j'en fus ému et troublé. Je me disais que Dieu ne peut rien refuser à une mère qui l'invoque avec une si grande ardeur et une foi si sincère.

Au sortir de l'église, ma mère m'embrassa, en pleurant de tendresse et de joie. Quelle ne fut pas ma surprise, en rentrant à la maison, de voir le docteur Vincent, qui nous attendait. Il vint à nous, saisit ma main et me secoua le bras à me faire craquer les articulations. Oui, les articulations, car j'étais guéri. Sans répondre à ses félicitations, je courus à ma chambre, j'ouvris la caisse qui avait contenu mon squelette; elle était vide. Je redescendis en hâte à la salle à manger, où le docteur était resté avec ma mère. Cette fois je le serrai à l'étouffer. Je me sentais doué d'une force que je ne m'étais jamais connue.

Mes regards s'étant tournés vers la table que l'on dressait pour le déjeuner, je vis que la servante y plaçait cinq couverts; j'allais demander à ma mère une explication à ce sujet, quand j'entendis les sons d'un piano dans le petit salon attenant à la salle à manger, et dont la porte était entr'ouverte. Je me précipitai vers le salon. Madame Belmont, assise près de la fenêtre, travaillait à un ouvrage de broderie ; sa fille Pauline touchait le piano de ma mère, instrument qui depuis plusieurs années était muet. Je jetai un grand cri, et j'allai, comme un fou, me pendre au cou de madame Belmont ; puis je voulus aussi embrasser sa fille ; mais je reculai, frappé de surprise. Pauline, que j'avais quittée enfant, était devenue une belle et gracieuse personne. Timide et embarrassée elle-même, elle me tendit la main, que je pris d'un air gauche, et que je n'osai baiser.

Le docteur mit fin au trouble et à la confusion que j'éprouvais, en annonçant que le déjeuner était servi. Il se plaça entre ma mère et madame Belmont, je m'assis entre celle-ci et sa fille. Le docteur se chargea d'animer le repas par une conversation intéressante et pleine d'enjouement.

Dans l'après-midi, il voulut voir les plantations que j'avais faites. Les dames nous accompagnèrent. Pauline et moi, nous prenions parfois les devants; nous nous rappelions les excursions que nous faisions autrefois, le dimanche, aux environs de Paris, et les bonnes soirées que je passais chez sa mère. La jeune fille s'animait à ces souvenirs, et je retrouvais en elle l'aimable enfant d'autrefois; puis elle paraissait regretter de s'abandonner à ces accès de gaîté, et reprenait son air de réserve. Ce mélange d'étourderie et de retenue avait quelque chose de charmant. Le docteur prenait un malin plaisir à me contrarier. Il nous rejoignait à chaque instant, et m'accablait de questions sur les travaux que j'avais fait exécuter. Je lui répondais un peu à tort et à travers. Il me reprochait alors mes distractions. Bien qu'il me fît souvent éprouver une vive impatience, il paraissait si heureux de me taquiner, que je finissais par en rire.

Nous ne pûmes retenir l'excellent docteur plus de huit jours. D'après son avis, il fut convenu que je ne retournerais pas à Paris, et que je prendrais la direction du petit domaine de ma mère.

Madame Belmont et sa fille restèrent quelques semaines de plus. Avant leur départ, mon mariage avec Pauline était décidé et remis à l'année suivante.

Maintenant, mon ami, tu sais tout. Tu as assisté à mon mariage, qui eut lieu à l'époque convenue. Madame Belmont acheta une propriété voisine de la nôtre. Les deux ménages n'en firent qu'un. Le bon docteur Vincent, qui venait nous visiter chaque année et qui a été le parrain de ma fille aînée, finit par se réunir à notre petite colonie. Tant qu'il a vécu, il n'a cessé de me donner de sages conseils. Si ma propriété s'est étendue, si la production s'en est accrue, c'est en partie à lui que je le dois. Il avait repris l'exercice de la profession médicale, mais seulement en faveur des pauvres, dont il était la providence.

Les pâquerettes du cimetière fleurissent depuis longtemps sur la tombe de ma mère et sur celle de cet excellent homme. Si le temps a adouci l'amertume des regrets que leur perte nous a causés, le souvenir de leurs vertus et de leurs qualités aimables nous est resté, et fera toujours le charme de nos entretiens.

TABLE DES MATIÈRES

Causerie familière servant d'introduction.......... 1
   I L'encan................................... 41
  II Triomphe de Blasius....................... 54
 III L'exhibition.............................. 65
  IV Le bouquet............................... 74
   V Le Ruban................................. 83
  VI Péters................................... 94
 VII La pipe et la pinte....................... 107
VIII Rien qu'une mèche......................... 120
  IX Ceci et cela.............................. 130
   X La dot.................................... 145
  XI La leçon de botanique..................... 158
 XII Au feu !.................................. 171
XIII Repentir.................................. 188
 XIV Un nid d'hirondelle....................... 212
  XV Dernier chapitre.......................... 221

La Croix d'or, nouvelle........................ 243

L'Hallucination, nouvelle.
  Lettre première. — La leçon d'anatomie.......... 283
  Lettre deuxième. — Le récit du docteur.......... 294
  Lettre troisième. — Maladie et guérison......... 316

Paris. — Imp. De Soye et Bouchet, 2, place du Panthéon.

EN VENTE
A LA MÊME LIBRAIRIE

DU MÊME AUTEUR

Fables, 3e édition ornée de gravures, in-12. .... 2 fr.
M. Lesage, *ou Entretiens sur les animaux utiles.* 2e édit., ornée de gravures, in-12..................................... 1 fr.
<small>Ouvrage honoré de la souscription de M. le Ministre de l'Instruction publique.</small>

SOUS PRESSE

Contes pour les grands et les petits enfants.

COLLECTION A 1 FR. LE VOLUME

Xavier de Maistre. Œuvres complètes, comprenant : Le Voyage autour de ma chambre ; l'Expédition nocturne ; le Lépreux de la cité d'Aoste ; Les prisonniers du Caucase ; La jeune Sibérienne. 1 vol. in-18 jésus.............. 1 fr.
Les Poches de mon parrain, par Xavier Eyma, 1 vol. in-18 jésus.. 1 fr.
Les femmes qui savent souffrir, par A. Bouchet. 1 fr.
Les deux veuves, par A. des Essarts............... 1 fr.
Secrets du foyer domestique, par Mlle Ulliac Trémadeure, 1 vol. in-18 jésus.. 1 fr.

La créole de la Havane, par Fernand Caballero. 1 vol. in-18 jésus.. 2 fr.

OUVRAGES DE Mlle ULLIAC-TRÉMADEURE

La pierre de touche, 1 joli vol. in-18 jésus...... 3 fr. 50
Scènes du monde réel, 1 vol. in-18 jésus........ 3 fr. 50
Souvenirs d'une Vieille femme, 2 vol. in-18 jésus, chaque partie se vend séparément........................ 3 fr. 50

ACTUALITÉS

La crise Américaine, brochure in-8°............ 2 fr.
Émigration des campagnes, brochure in-8°..... 1 fr.

PARIS. — DE SOYE ET BOUCHET, IMP., PL. DU PANTHÉON, 2.

www.ingramcontent.com/pod-product-compliance
Lightning Source LLC
Chambersburg PA
CBHW060321170426
43202CB00014B/2621